寻古"潇湘八景"

钟虹滨　唐俐娟　著

中国建筑工业出版社

图书在版编目（CIP）数据

探寻古"潇湘八景" / 钟虹滨，唐俐娟著 . —北京：中国
建筑工业出版社，2011.9
ISBN 978 - 7 - 112 - 13620 - 9

Ⅰ. ①探… Ⅱ. ①钟…②唐… Ⅲ. ①名胜古迹—介绍—
湖南省②自然景观—介绍—湖南省 Ⅳ. ① K928.706.4

中国版本图书馆 CIP 数据核字（2011）第 195696 号

　　"潇湘八景"作为一种具有深厚历史文化内涵和丰富景观特征的山水文化，给后人留下了无
比珍贵的精神财富和文化遗产。本书内容包括"潇湘八景"的产生及发展；"潇湘八景"的文化
意蕴；"潇湘八景"在日本；探寻古"潇湘八景"；"潇湘八景"遗产廊道的构想等。
　　本书可供风景园林设计师、风景园林工作者、园林艺术爱好者等学习参考。

责任编辑：吴宇江
责任校对：肖　剑　关　健

探寻古"潇湘八景"
SEARCHING ON EIGHT SIGHTS OF XIAOXIANG
钟虹滨　唐俐娟　著

*

中国建筑工业出版社出版、发行（北京西郊百万庄）
各地新华书店、建筑书店经销
北京京点设计公司制版
北京中科印刷有限公司印刷

*

开本：889×1194毫米　1/20　印张：6⅓　字数：137千字
2012年1月第一版　2012年1月第一次印刷
定价：50.00元
ISBN 978-7-112-13620-9
（21363）

前　言

　　"潇湘八景"作为一种具有深厚历史文化内涵和丰富景观特征的山水文化，给后人留下了无比珍贵的精神财富和文化遗产。潇湘清丽的山水、文人的诗词歌赋、潇湘特有的生活景象和淡泊宁静、返璞归真、忧国忧民、寄情山水的精神气质，共同构成了湖湘文化的主要内涵和精髓。

　　"潇湘八景"是大自然给潇湘大地的慷慨馈赠，是宋迪、苏东坡、米芾等历代文人建立起来的一个相对稳定的文化体系。即使有的艺术作品和当时的环境消失了，也仍然留给人们无限遐想和回忆的空间，形成特有的文化记忆与景观想象。它的命名、起源、造景手法、建筑形式和空间形态等，乃至所产生的大量诗词、绘画、游记、楹联、散曲、戏剧以及屏风、折扇、瓷器等文化遗产，共同形成了极为壮观的"潇湘八景"文化，值得我们进行深入的挖掘和秉承。"潇湘八景"传至日本，引起了日本的"八景"热潮，对日本的山水文化、园林庭院艺术及绘画艺术等产生了深远的影响。至今仍有众多国外学者对此进行研究，甚至专程寻访，带动了国际间文化交流。这也提醒我们应对本国原产地的"潇湘八景"引起重视并开展研究。

　　2009年9月，我们开始了"潇湘八景"的前期研究工作。2010年5月通过课题论证与答辩，获得了中南大学中央高校前沿研究人文社科类重点项目"'潇湘八景'山水文化景观发掘与开发研究"立项。经过近两年的文本考证与实地寻访，获得了大量有价值的资料，也发现了不少问题。其中对"渔村夕照"的地址提出了质疑并进行了论证，从地方志与史料记载中发现了其范围所指。

　　本书主要包括五个部分。

　　第一章从历史溯源、发展演变和现实状况三个方面介绍"潇湘八景"的产生与发展。

　　第二章阐述"潇湘八景"的文化意蕴，包括诗情画意的潇湘意象、贬谪流放的隐喻文化和平远山水的禅道精神。

　　第三章研究"潇湘八景"对日本绘画、风景园林的发展所产生的影响，对日本"八景"风景的布局选址的借鉴，以及日本"八景"文化的拓展。

　　第四章是对古"潇湘八景"的实地探寻。从湖南湘江中游的起始点永州向北至洞庭湖，对"潇湘夜雨"、"平沙落雁"、"烟寺晚钟"、"渔村夕照"、"山市晴岚"、"江天暮雪"、"远浦归帆"、"洞庭秋月"这八个风景所在地进行全面考察，确定出每个风景点的范围和主要景观点，以及它们所涉及的文物保护点、古街道与古建筑。

第五章提出"潇湘八景"遗产廊道构想概念。包括国内外遗产廊道保护理论、"潇湘八景"遗产廊道愿景，提出通过建立核心区、衍生区、扩展区和遗产纽带四个层面，将"潇湘八景"构建为湘江主题性山水类文化景观遗产廊道。

钟虹滨　唐俐娟

2011 年 7 月于长沙岳麓山下

目 录 Contents

前 言

一、"潇湘八景"的产生及发展

　　"潇湘八景"最早是因北宋宋迪《潇湘八景图》而出名，后人纷纷仿效。画附诗，诗配画，"八景"题材在各地蔚然成风。对"潇湘八景"的历史追溯，有利于我们研究其山水景观的文化意蕴和价值，探寻其区域位置，以实现文化遗产廊道的构建。

1. "潇湘八景"的历史溯源

"潇湘八景"大约产生于 11 世纪中晚期,因宋代沈括(1029 ～ 1093 年)的随笔《梦溪笔谈》记载而始:

"度支员外郎宋迪工于画,尤善为平远山水。其得意者,有平沙雁落,远浦归帆,山市晴岚,江天暮雪,洞庭秋月,潇湘夜雨,烟寺晚钟,渔村落照。谓之八景。好事者多传之。"[①]

宋迪,字复古,师法李成,"善画山水寒林,情致闲雅"[②]。大约在 11 世纪 40 ～ 70 年代,他曾任潇湘地区转运副使和通判、度支郎中和司封郎中等职务。熙宁七年(1074 年)秋,宋迪在王安石变法中受牵连而遭革职,随后归隐洛阳。宋迪所绘《潇湘八景图》具体是何年创作,现仍不得知。但《潇湘八景》所描写的潇湘风土人情与谪迁的文人情结,是宋迪创作此图的初衷。大书法家、画家、诗人米芾观宋迪的《潇湘八景》图后很是欣赏,便为《潇湘八景》图作了小序、总序和题画诗。由于米芾等人极其推崇,众人集资在长沙府湘江边修建了八景台,陈列《潇湘八景》图书画作品,以供世人观赏。

继宋迪的《潇湘八景图》之后,诗人惠洪(1071 ～ 1128 年)为《潇湘八景》图所有绘画标题赋诗一首,成为现存最早题写宋迪《潇湘八景图》的题画诗。南宋晚期,画家王洪(约 1131 ～ 1161 年前后)从惠洪的题画诗中获得灵感与想象,创作了《潇湘八景图》。此图是宋代《潇湘八景》组画的仅存作品,也是中国绘画史上的鸿篇巨制。南宋

张远《江天暮雪图》(上海博物馆藏)

绍兴十七年（1147），胡铨创作了《潇湘夜雨》并题写绝句。熙宁年间供职于宫廷的职业画师王可训作《潇湘夜雨图》。乾道六年（1170年），李生应隐居禅僧云谷圆照之邀，作《潇湘卧游图》。该图在视觉上借用了《潇湘八景》的形象，是"一幅在禅者群体中完成的文人画"③。淳熙年间（1174～1189年），马远作《潇湘八景图》。13世纪南宋僧人牧溪和玉涧作《潇湘八景图》，其静谧的山水风景，以即兴的泼墨手法表达了佛教"错觉"、"幻想"和"顿悟"的禅宗文化内涵。

到庆元六年（1200年），"潇湘八景"已经成为经典创作主题，出现了大量文学绘画艺术作品。至明代，明初画家陈叔起作《潇湘秋意图》，文征明、张龙章、文从简、文伯仁、盛茂烨、陈焕、沈宣、李士达等画家均以"潇湘八景"为题材创作《潇湘八景图》，董其昌作《潇湘白云图》卷等。对"潇湘八景"所作的诗词歌赋，其中流传较广的，宋代有米芾、苏东坡、崇惠、李宗澍、柳永的"八景"诗词，元代有揭奚斯、陈孚、程钜夫、欧阳元的"八景"诗，明代有薛埴、夏原吉、沈明臣、李梦阳、顾开雍、唐寅、张径、吴道行的"八景"诗以及明宣宗的"潇湘八景"图诗，清代有张璇、江有溶、朱滋舟等人的"八景"诗和郑板桥的《浪淘沙·潇湘八景》词等④。

据日本人内山精也归纳，现存的古《潇湘八景图》仅有南宋王洪、宋末元初牧溪、玉涧等绘画作品存世，其中牧溪的《潇湘八景图》遗存四幅，两幅在日本，被指定为日本国宝⑤。

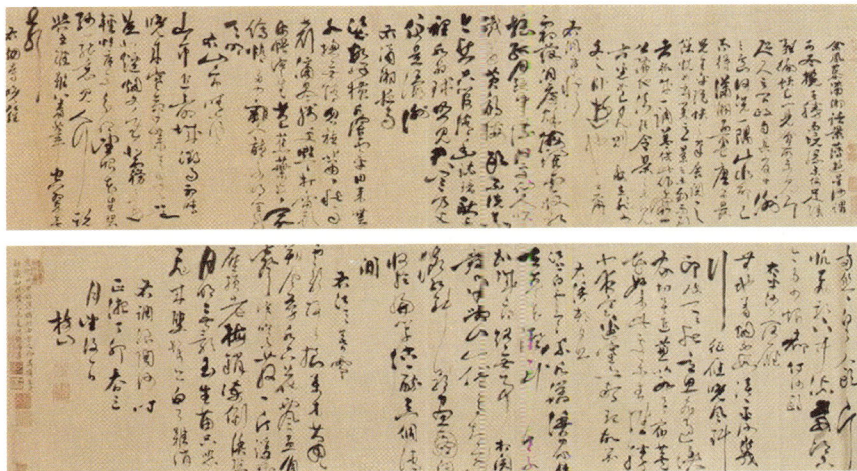

祝枝山 1507 年作草书《潇湘八景》卷

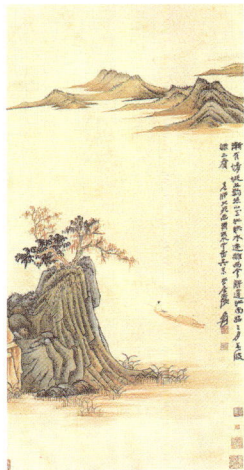

张大千《仿北苑潇湘水云图》

2."潇湘八景"的发展演变

在宋迪的《潇湘八景图》广泛流传和带动之下，时至明清，"八景"已在全国遍地开花，并多遵循"潇湘八景"所奠定的基本范式。在发展的基础上演化出多种模式，出现"内八景"、"外八景"、"小八景"等形式多样的"八景"称谓。"一些名门望族也为其家室自选'八景'并记录于族谱之上。"⑥因此清人赵吉士说："十室之邑，三里之城，五亩之园，以及琳宫梵宇，靡不有八景十景诗。"⑦此外，宋代以后，"潇湘八景"不但在中国历代流传，而且还跨越国界，传至周边国家，尤其对日本影响最大。中国画家米芾、牧溪、玉涧、夏圭的"潇湘八景图"相继传入日本，而日本也非常重视这一"来自外国的文化珍果"⑧。《烟寺晚钟图》和《渔村夕照图》被列为日本的"国宝"，《远浦归帆图》和《平沙落雁图》被列为日本的"重要文化遗产"。在室町时代，《潇湘八景图》是"天下首屈一指"的珍宝，它同时也成为日本庭院设计的起源。日本人将"潇湘八景"改头换面，注入本民族特色，发展出了本国的"八景"。在日本京都东北部的琵琶湖，其南部沿湖地带发展出了著名的"近江八景"："坚田落雁"、"矢桥归帆"、"粟津晴岚"、"比良暮雪"、"石山秋月"、"唐崎夜雨"、"二井晚钟"、"懒田夕照"。神奈川县内的"金泽八景"也颇有特色。此外，朝鲜有"平壤八景"，越南有"河仙十景"，新加坡有"裕华园三十一景"等。"据日本福冈田市美术馆研究员池田寿子对'潇湘八景'研究的统计，完全以原创的'潇湘八景'为画题的现存'潇湘八景'一共有144件，其中中国的作品有19件，朝鲜的作品有13件，日本的作品有112件。日本画师所画的'潇湘八景'图的作品数量约为中国的6倍⑨，令人赞叹不已。

"八景"历经两宋至明清的兴盛后，由于过于泛滥，遭到赵吉士及戴震、章学诚、孙诒让等人的批评，认为是一种"小视山川"⑩的陋习，为"通学所嗤'⑪导致了乾嘉年以后"八景"传统文化的渐趋衰落。

20世纪80年代，湖南学者谢柳青先生提出了对"潇湘八景"所衍生出的"八景"关注，中国建设部风景园林专家陈明松先生将"八景"文化定义为一种集称文化，即"将一定时间、一定距离、一定范围、一定条件之下，类别相同或相似的人物、事件、风俗、物品等，用数位的集合称谓，以通俗、概括、艺术、精确的形式表达出来，就形成了一种'集称文化'"⑫。近些年来，国内开始不断涌现出对这一集称文化的探讨和研究，也开始了对"潇湘八景"文化的关注。各地在"旧八景"的基础上，纷纷开展"新八景"评选，如广州的"羊城新八景"和"中

《潇湘八景》格景扇

山新八景"、南京的"金陵新八景""新北京十六景"等。2004年，湖南省湘阴县人民政府于湘江边兴建"远浦归帆"牌楼和远浦楼；2006年，湖南省衡阳市政府在雁峰公园修建回雁阁；2008年，湖南省旅游学会整合资源，评选出以张家界为领头雁的"新潇湘八景"；2009年，长沙市政府重建湘江橘子洲毁于清代的最佳观赏"潇湘八景"景点——"江天暮雪"的拱极楼以及诗词中描绘的江神庙。

3. "潇湘八景"的现实状况

湖南是"潇湘八景"的发源地，宋嘉祐八年（1063年）建在长沙城驿步门外的八景台极一时之盛。但《长沙市志》等史籍上并无相关记载，只在清代《湖南省志》中发现有八景台的简单记录。

"潇湘八景"以宋迪的《潇湘八景图》而闻名于世。而对于先有景后有诗画，还是先有诗画后有景，以及关于"潇湘八景"是否存在的真实性，世人并无统一说辞。纵览前人的相关研究成果中，本研究梳理出对此主要有两种观点。

一种观点认为"潇湘八景"的确存在。以陈蒲清为代表，认为"'潇湘八景'是泛指湖南湘江流域比较典型的景色。其中除了'洞庭秋月'是确指洞庭湖以外，其他七景都不限于某个具体地点"⑬。在他看来，"潇湘八景"确为真实的湘江流域的景色，但除了"洞庭秋月"，其他无具体地址。而段炼认为它们虽真实存在，却无明确所指，"这八景并没

桃源县"渔村夕照"景点

桃园县 "渔村夕照" 最佳观景点

有确切的所指，而是泛指古代楚地在一年中不同季节和物候、一天中不同时间和气象、在湖南潇水湘江和洞庭湖一带的八种自然景观，其中不乏人文因素"[14]。《洞庭湖志》中则认为"潇湘八景"主要是洞庭湖及其周边美景，但并无详细之地。"皆洞庭所有亦可，'山市晴岚'、'渔村夕照'、'江天暮雪'等美景，不必在湘潭、桃源、长沙也，洞庭湖一概拥有"。邹容、周志刚等人认为"潇湘八景"散落于湖南各地，即"五景在湘江沿岸，两景在洞庭湖一带，一景在沅江桃源段"[15]。俩人曾偕同湖南省地方志编纂委员会副编审刘国强先生前往史料记载中的"潇湘八景"地点进行实地寻踪。他们确定了其真实性并同时明确了其具体所指："潇湘夜雨"在永州市芝山区的苹岛，为湘江支流湘水与潇水的汇合地；"平沙落雁"大概是指衡阳市回雁峰下，湘江沿岸一带，处于湘江中游；"烟寺晚钟"在衡山县城北的清凉寺，出湘江中游不远；"山市晴岚"在长沙与湘潭交界的昭山；"江天暮雪"在长沙市橘子洲，皆位于湘江下游段；"远浦归帆"在湘阴县；"洞庭秋月"在岳阳市的东洞庭湖及君山一带；"渔村夕照"在桃源县桃花源风景区外，分属洞庭湖、沅水尾闾。

而另一种观点认为"潇湘八景"并非一定真实存在。"潇湘八景图"和诗词是基于画家和诗人自身的艺术修养及作品的艺术效果而作，认为"它的出现是深受了艺术创造的影响，自产生之日起就具有十分浓厚的文化创造意味和心理想象色彩"⑯。谢柳青先生提到"宋迪的'秋月'、'夕照''落雁'、'归帆''晴岚'、'暮雪'、'夜雨'、'烟钟'，其实都不是古迹名胜那般的景，而是艺术家的一个天才的顿悟、一个灵感的闪光"⑰，他认为"潇湘八景"诗画的创作是来源于艺术家的艺术灵感。日本的美术研究家铃木敬认为"绝大多数日本的潇湘画家们都未曾到实地亲眼目睹过潇湘景物，因而画面中主观情感的投影必然覆盖了客观印象的映现，

他们所绘是真正的心中之景，抒发的自然也是胸中之意"⑱。说明"潇湘八景"并非自然中的实际景观，其诗画是因为艺术想象与创造而产生。

综其所述，"潇湘八景"引起了学术界的广泛关注和研究，众多学者对"潇湘八景"的真实存在与否的看法存在较大的分歧。其中认为"潇湘八景"真实存在的研究成果中亦未给其具体位置下一个定论。仅有的实地寻踪虽然从史料考证的角度出发，也流于记事寻访，尚未充分关注和深入探赜。由于事过境迁，现存的"潇湘八景"景点有的存在，有的改观，有的湮灭。像"远浦归帆"、"平沙落雁"等很难见到当年的景象了，也难怪人们对其真实性有争议。

桃源县"渔村夕照"景点所在地广福殿村。站在桃花源风景区水府阁上观看沅水以及对岸白鳞洲江边的风光。这里主要盛产鳜鱼、鲢鱼等。秋冬季节，在白鳞洲边捕鱼的船只停靠在岸边准备出港

注 释

① [宋] 沈括撰，胡道静校注：《新校正梦溪笔谈卷十七（书画）》，171 页，香港，香港中华书局，1987。

② [宋] 米芾《画史》，18 页，台北，台湾商务印书馆，1983。

③ [美] 姜斐德：《宋代诗画中的政治隐情》，21 页，北京，中华书局，2009。

④ 刘国强：《< 潇湘八景图考 > 及八景保护开发浅谈》，载《书画艺苑报》，2005 (5)。

⑤ [日] 内山精也：《宋代八景现象考》，见《新宋学》（第二辑），405 页，上海，上海辞书出版社，2003。

⑥ 张廷银：《传统家谱中"八景"的文化意义》，载《广州大学学报（社会科学版）》，2004(4):40-45。

⑦ [清] 赵吉士：《寄园寄所寄》，121 页，上海，上海大达图书供应社，1935。

⑧ [日] 内山精也：《宋代八景现象考》，见《新宋学（第二辑）》，405 页，上海，上海辞书出版社，2003。

⑨ [日] 崛川贵司著，冉毅译：《潇湘八景——诗歌与绘画中展现的日本形态》，35 页，长沙，岳麓书社出版社，2006。

⑩ 章学诚：《文史通义·外篇》，见《修志十议》，北京，中华书局，1985。

⑪ 孙诒让：《瑞安县志局总例六条》见朱士嘉：《中国旧志名家论选》，北京，北京燕山出版社，1988。

⑫ 陈明松：《中日风景名胜集称文化比较初探（一）——"八景"画比较浅谈》，日中韩第七届八景文化国际研
讨会讲学，2005。

⑬ 陈蒲清：《八景何时属潇湘——"潇湘八景"考》，载《长沙大学学报》，2008，22（1）:1-2。

⑭ 段炼：《观念与形式——当代批评语境中的视觉艺术》，176 页，北京，文化艺术出版社，2009。

⑮ 邹容、周志刚：《发现另一个湖南·溯水行》，长沙，湖南科学技术出版社，2009。

⑯ 谢柳青：《"闲话八景"》，载《文史杂志》，1989（2）:16-17。

⑰ 谢柳青：《来自古潇湘的文化冲击——中、日"潇湘八景"浅谈》，载《求索》1988（4）:93-97。

⑱ 周阅：《"潇湘八景"的诗情画意——兼论中国绘画对日本的影响》，载《中国文化研究》2008（春之卷）。

二、 "潇湘八景"的文化意蕴

　　"潇湘八景"从一组画开始，到"八景诗"、"八景画"、'八景现象"和"八景集称文化"，以致成为一种流行风尚。这种文化现象不是偶然形成的，而是与其蕴藏的丰厚文化意蕴分不开的。

1. 诗情画意的潇湘意象

关于潇湘,晋时罗含的《湘中记》曾曰:"湘川清照五六丈,下见底石,如樗蒲矣,五色鲜明,白沙如霜,赤崖若朝霞,是纳潇湘之名矣。"潇湘自古就因清绝灵动的自然环境吸引着无数文人墨客来此寻幽探胜,创造出了大量有着潇湘意境的诗文和绘画作品。"潇湘八景"图与诗以极其细腻的笔触,描摹着潇湘的山山水水。其中关于潇湘山水风物的自然描述,展示了无尽的诗情画意的潇湘美景,体现了自然之美、情彩之意和传神之象的潇湘意境。

[南宋]王洪《山市晴岚》(美国普林斯顿大学美术馆藏)

[南宋]王洪《渔村落照》(美国普林斯顿大学美术馆藏)

（1）自然之美

清幽神秘的潇湘在"潇湘八景"诗画中是一幅多层面的展现，是有广度和深度的多维立体景色，体现了"物我合一"的自然美境。"江天暮雪"、"洞庭秋月"、"烟寺晚钟"、"潇湘夜雨"、"渔村夕照"、"远浦归帆"、"山市晴岚"、"平沙落雁"都是对潇湘山水自然风景与人文风物的描写。它们并非宏大壮丽，却是如此的生动细腻，让人置身其中，投身于大自然的怀抱，感悟潇湘真正的"自然美"。

衡南县江口鸟洲美景

衡南县江口鸟洲美景

米芾"潇湘八景"诗中有对自然山水景色的描写："苦竹从翳"，"林端缥缈，峦表萦纡"，"晴岚荡波，落霞照水"，"霜清水落，芦苇苍苍"，"冯夷剪冰，飘飘洒雪"等，意境清新优美；有对自然中的飞禽鸟兽的写生："鹧鸪哀鸣"，"猿惊鹤举"，"群鸟肃肃，有列其行。或饮或啄，或鸣或翔"[①]等，画面栩栩如生。表现了大自然的天然野趣和诗人对潇湘的热爱。

除了自然景物的描写之外，米芾也表达了自己的内心情感，并将其融会在自然山水之中，从而产生出一种难以言传的、情景交融的中国古典美学意境。"景中生情，情中生景，故曰，景者情中之景，情者景中之情也。"[②] "一切景语皆情语，一切情语皆景语"[③]，米芾笔下的自然是人化了的自然，是情景合一的自然，也是潇湘秀美的自然。

（2）情彩之意

　　色彩是形式美的重要因素，通过色彩可以赋予特定的情感和意味。艺术家、文学家往往抓住这种特定的情感和意味，用恰当的文学、艺术语言描绘物象，以色彩来渲染情绪，抒发情感，营造意境。当内心的情感与自然中的色彩达到和谐一致，便会产生意境中的情彩美。

　　"潇湘八景"的成名作者宋迪当年官场仕途的失意，远离京华的南逐，隐居洛阳的清苦，长期谪居的生活，难以挥去的寂寞和孤独，促使了他通过寂寞潇湘的平远山水寻求安慰和宣泄忧愤。而米芾针对宋迪的画作所作之诗也很好地贴切了这一意味。因此，在"潇湘八景"诗中难见欢快的暖色调，而与宋迪心境一致的冷色调风景则最为常见，如"江云黯黯，江水冥冥"，"冯夷剪冰，飘飘洒雪"等，展现的是清冷而低落的心境。

　　宋迪的"潇湘八景图"以平远山水的构图方式，采用淡墨抒写清丽的潇湘山水，来渲染平静幽远的气氛。黑、白、灰的组合将画家的"情"蕴藏其中，笔墨的挥洒将潇湘的山水尽展画轴。这种看似"无彩"的画卷有着丰富而无尽的"有彩"意象，融合了画家的"情"与"境"，也展现了一种难以言传的情彩之意。

衡阳湘江风景

长沙湘江雪景

(3) 传神之象

"以形写神"④的美学观,"不满足于追求事物的外在模拟和形似,而要尽力表达出某种内在的风韵,而这种风韵又要建立在对自然、对物象的真实而又概括的观察、把握和描绘基础上"⑤。"潇湘八景"诗与画无不遵从这点。

首先表现在"形似"上。"潇湘八景"诗画中有大量关于潇湘山水中自然和人文的描述,"依山为郭,列肆为居。鱼虾之会,菱芡之都""君山南来,浩浩苍瞑"⑥等,通过这些描述,我们能够按图索骥,仍能在如今的潇湘大地上领略到当年的山水之美以及自然地理气候等客观状态。其次是在"神似"上。"潇湘八景"诗画中展现的橘子洲头、洞庭湖畔、潇湘沿岸等地域的自然景观,抓住了其中渔翁独钓、群雁降落、秋月沧溟、烟雨迷蒙、夕阳西下等反映地域特征的人文和自然风景。通过对这些景观的生动描写来再现"潇湘八景"山水中的"形似"之外暗含怀才不遇、谪官远适、高洁清远、归隐山林、忧思寄山水等丰富的文化内涵。

冬日的阳光下，江上渔翁懒散地独坐渔船，鸬鹚停歇在船沿上打着瞌睡。这也许是当代城市人希望远离城市的喧嚣与污染，追求高洁清远，归隐山林的理想生活境界

2. 贬谪流放的隐喻文化

魏晋南北朝时期，社会动乱，文人士大夫们开始以寄情山水逃避残酷的现实，田园山水随之成为魏晋以后文人诗画创作的主要题材。经历了唐代的发展之后，山水画到宋代已经进入了成熟期。

宋朝时期，由于士大夫文人远宦散居江南各地，或遭贬远谪，离别京国。江南烟雨迷蒙的秀丽景色更容易引发他们的伤感心情，个人进退与国家命运无时不萦绕心头。宋迪因反对王安石的新法被栽赃暗算遭朝廷罢黜，心中郁闷之情难以抒发，遂以潇湘自然山水、人文风物为依托，以《潇湘八景》画为隐喻，来道出游历潇湘时痛苦而难忘的体验和对生命的感悟，以化解内心的苦闷情绪并获得慰藉。

宋迪被贬官的经历致使他抒发情感的"潇湘八景"的立意与杜甫流落潇湘的忧愤之诗有相通之处。在杜甫晚年的诗歌当中，《秋日夔府咏怀》表达了人烟稀少的潇湘山水并非是平静之所，而是体会人间伤感之地。无论是画面还是诗词，"潇湘八景"中的雨雪、烟云、晚钟、落雁、夕阳，这些并不仅仅是单纯的潇湘自然景物的描摹，而是寄情于山水，渗透着隐喻文化的表达。

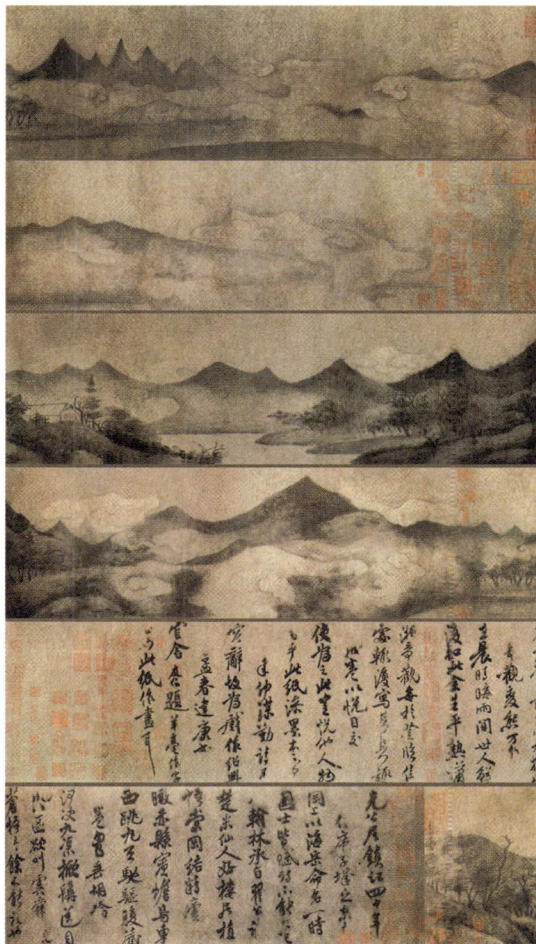

[南宋] 米友仁《潇湘奇观图》

董邦达（1746 年）临马远《潇湘八景图》手卷，设色纸本

　　"山市晴岚"对紫气缭绕、云蒸霞蔚、熙熙攘攘、酒旗飘飘的"山市"描述，暗示了画家对于隐逸生活的满足；"平沙落雁"所描绘的芦苇丛中，金沙滩边，阵阵群雁飞落之景，表现了秋季的颓象，抒发了伤感之情；雨似乎与悲伤、哀怨、忧郁相关联，因而"潇湘夜雨"隐喻出忠臣被弃用的悲哀心声和凄凉无助的情绪；"烟寺晚钟"中的烟云是景象模糊、晦暗与缥缈的象征，"晚钟"预示了懵懂中的顿悟与觉醒，"烟寺晚钟"更多地表达出画家与诗人对禅宗顿悟的隐喻。

　　因此，文人在古代社会中独特的社会地位和处境，促使他们借助文学艺术的手笔隐喻他们对现实社会的不满和对理想生活的向往。在创造文学艺术作品的同时，赖于它寻找寄托和抒发情感，隐喻出忧思寄山水、贬谪望归返的心境。而"潇湘八景"正是在这种丰富而深刻的隐喻文化下，绽放其独特的文化艺术魅力。

3．平远山水的禅道精神

在画史上，借助于佛教观念创作出的绘画作品通常称为禅画或简笔画，以寥寥几笔传达内在思绪。它合乎禅宗的顿悟思想，也超越了文人士大夫的审美境界。以南宋后期的牧溪、玉涧为代表，所作水墨山水画，植根佛教禅宗的顿悟思想，摆脱不同以往的如实描写，以简洁之笔墨，借山水之风景表达思想情感，传达平远山水的禅道精神。

（1）淡泊宁静的精神诉求

禅宗既有儒家风雅和入世的一面，又有道家虚无和出世的一面。禅的"不立文字，直指人心"，以简练、自然的观念造就了中国古典美学思想。如"空寂"、"平淡"、"恬淡"等，表现随缘任运、安贫守寂和自由旷达的人生态度，展示出僧侣空灵无垢的心境，表达出对自然万物微妙而丰富的情感体验。

衡山县清凉寺内的古钟

衡阳市东洲岛上的罗汉寺

牧溪的《潇湘八景图》成为日本佛教园林设计的起源，这与其体现的禅风禅骨、禅意禅趣有着很深的渊源。他以最为朴素的材料水和墨，以最为清淡简约的形象，传达最为悠长深远的神思，展现了潇湘地区的湿润之气与空濛之光。《潇湘八景图》画卷蕴涵着空濛清寂、平静旷远的韵味。景致湿润迷离，寓于了佛家静心忘物的思想，传递出禅宗特有的淡泊宁静的精神诉求。

（2）虚实相生的无形妙境

在老子看来，"道"是精神性的东西，其精神内涵与审美意境体现在"道"、"气"、"象"、"有"、"无"、"虚"、"实"、"味"、"妙"、"虚静"、"玄鉴"、"自然"等范畴中。"道之为物，惟恍惟惚。惚兮恍兮，其中有象，恍兮惚兮，其中有物。窈兮冥兮，其中有精。其精甚真，其中有信。"[⑦]"无状之状，无物之象，是谓恍惚。"[⑧]此为老子关于"道"的一种写状，似有却无，似无却有，是无形之象，"无"中生"象"。形象混沌，变幻、模糊、朦胧之美，在有无之中相互依衬。

石涛《狂壑晴岚图》

平远山水的"有"、"实"衬出"虚"、"无"，

张远《烟寺晚钟》（上海博物馆藏）

形成虚实迷离之象、虚无缥缈之境、平淡天真之意、混沌自然之美，流荡着道之气韵。牧溪笔下的"潇湘八景"在构图上均留有大量空白，点睛之笔都偏于画面一角，处处渗透着禅机。如牧溪的《烟寺晚钟图》着意表现的晚钟深藏烟云之中，而树丛中若隐若现着山间寺院的房檐，以静态展示着动态，以

无声传递着有声。景象在"虚"、"无"、"有"、"实"之间转换，呈现飘忽之象。法常的《远浦归帆图》呈现出的是狂风中飘摇欲倒的树木，只见歪斜的树形，不见枝叶，在一片雾霭中隐现着"归帆"。画卷在若有若无中，显示空濛之景。道的"虚"、"无"与平淡、自然在"妙境"的画轴中倾泻开来。

法常《渔村夕照》

（3）返璞归真的自然境界

"宋迪长于远与平"[9]。"潇湘八景"的出名作以及流传于世的画作均为平远山水。平远山水视点平缓，视线平行移动，更易于文人挥洒泼墨抒发真情。其平淡中带有柔性、放任自然的意味，正契合了老庄之道"平淡"、"自然"的精神境界。尚"朴"是道家自然论思想内核之一，老庄认为应保持事物的本来面目，不加文饰，提倡"既雕既琢，复归于朴。"[10]

宋人黄庭坚也极力倡导自然天真的"朴拙"之趣。"枯淡山野，诚非雅玩，仅可僧房道舍，以助清幽耳。"[11]牧溪之画"皆随笔点墨而成，意思简当，不费装缀。"[12]他用朴拙的笔墨渲染出的迷离景色，"粗恶无古法"[13]，挥洒出来的"平沙落雁"、"远浦归帆"、"洞庭秋月"、"烟寺晚钟"、"渔村夕照"等都是平常悠淡的小景，毫无雄山壮水气势，但正好贴合了禅的意味。画面幽淡、清新淡雅，显现闲淡平和、空灵简约的禅心之美，透出自然野趣，返璞归真的禅道，也浸透着禅悟的心灵体验。

注 释

① 米芾《潇湘八景图并序》。

② [清]王夫之：《姜斋诗话》，北京，人民文学出版社,1961。

③ 王国维：《人间词话》，北京，中华书局,2009。

④ 温肇桐：《顾恺之新论》，成都，四川美术出版社,1985。

⑤ 陈亚圣：《"永州九记"美学意境初探》，载《柳学期刊》，2007（9）。

⑥ 米芾《潇湘八景图并序》。

⑦《老子》二十一章。

⑧《老子》十四章。

⑨ [宋]沈括撰,胡道静校注：《梦溪笔谈校正.卷17.图画歌》，567～568页,上海，上海古典文学出版社,1957。

⑩ [战国]庄子著,顾长安整理：《庄子·山木篇》，沈阳，万卷出版公司,2009。

⑪ [宋]邓椿著,[元]庄萧著：《画继·画继补遗》，北京，人民美术出版社,2005。

⑫ 吴太素：《松斋梅谱》，约撰于1351年。

⑬ 夏文彦：《图绘宝鉴.卷四》，99页,1935。

三、"潇湘八景"在日本

　　"潇湘八景"绘画东传至日本，对日本在绘画、园林、风景名胜以及浮士绘等文化艺术领域产生了深远影响。宋元时期，中日两国贸易频繁往来，大量中国艺术作品输入日本。这些物品所展示出的清淡之美、素雅之美、隐逸之美成为日本文人憧憬中国古典艺术所追求的目标。

23

1."潇湘八景"绘画的东传

自镰仓、室町、江户时代以来，日本僧侣来中国学习，将我国的文化带回日本，其中以"潇湘八景"的引入为代表。大约在 12 世纪晚期或 13 世纪初期，《潇湘八景图》传入日本。镰仓后期，元代神僧一山一宁云游至日本，留下了珍贵的作品。特别是一山一宁在思湛的《平沙落雁图》中所题的赞，使得该《潇湘八景图》成为日本现存最重要的"八景"水墨山水画之一。画作的命题与立意都与"潇湘八景"有关，其题诗也一并保存至今并代代流传。

南宋神僧画家牧溪的水墨画《潇湘八景图》和南宋神僧画家玉涧的泼墨画《潇湘八景》对日本绘画界影响最大。牧溪等画家的《潇湘八景图》流入日本后，这些"潇湘八景"代表作品被作为珍宝历代珍藏，至今仍收藏在日本各博物馆中，引领了日本水墨山水画的发展，对该国美术史产生了巨大的影响。日本画坛先后出现了大量以"潇湘八景"为题的作品，其绘画多模仿"潇湘八景"的构图、形式与手法。

日本很多画家也留下了自己的"潇湘八景"绘画作品，如相阿弥的《潇湘八景图》屏风、镰仓建长寺僧祥启的《潇湘八景》画帖等。直至近现代桥本雅邦、横山大观、寺崎广业、横山操等画家都有《潇湘八景图》留存于世。这些日本艺术家眼中的"潇湘八景"和中国艺术家一样，都一直保留着诗画交融的特性，其山水画瞩目的焦点更关注绘画与自然的关系。至此"潇湘八景"成为日本广泛流传的画题。

五代董源《潇湘图》

[日本]雪舟《洞庭秋月》

[日本]雪舟《平沙落雁》

日本六连屏

中国传统文化与日本本土文化相契合，激发出日本特有的"八景"文化。《潇湘八景》画作传入日本，画面中空寂虚渺、辽阔平远的写意风格，契合了日本民族中的枯寂精神。日本"八景"艺术中，多数作品是承继"潇湘八景"主题描绘而成。甚至其后的"八景"浮世绘、"八景"山水风景、日本枯山水造景与我国传统的"潇湘八景"文化也有深厚的渊源关系。

2.日本"八景"风景园林的发展

人们赋予"潇湘八景"众多想象与艺术创造，使得"八景"绘画艺术与山水文化之间相互交流、相互激发、相互影响，两者共生共长。这种美好的艺术画面，不仅在中国代代流传，而且跨越国界，传到日本。最初日本"八景"现象的形成，仅仅是对"潇湘八景"的模仿，提炼自然景物中的艺术母题进行创作。之后又融入日本文化特色，出现了著名的"近江八景"、"博多八景"、"坊津八景"等山水风景名胜。因此，日本"八景"可以看作是从"八景"绘画艺术中延伸出的人文景观。

北京大学周阅博士在《潇湘八景在东瀛》一文中指出，牧溪在《潇湘八景图》中运用绘画艺术手法展现的大气与光影效果，正契合了日本对光与影的喜爱，引导了日本的审美观。周阅认为"'潇湘八景'中的一些画面日后成为日本庭园设计的起源"①。他通过比较中日两国的"八景"，总结出中国的"潇湘八景"是提炼于自然景物中的艺术主题，而日本"近江八景"等则是从平面绘画中演化出的人文风景。极为重要的是，文中再次提出"八景"绘画对日本未来庭园的影响。②高云龙先生指出，"潇湘"孕育的是中国儒士的谪贬抒愤之作。在日本江户时代，应用中国传统文化"潇湘八景"画题作为母题进行浮世绘艺术作品的创造已非常广泛。如浮世绘作品《江户八景》在构图上就沿用了中国传统山水画"平远式"的布景方法。③

日本宣化天皇所绘风景画（1520～1530年）

日本浮世绘画家安藤广重作品《江户百景图》选

宋代的《潇湘八景图》传到日本后，很大程度上影响了日本人对风景的印象。在日本浮世绘画家安藤广重的作品《江户百景图》中，有很多作品在构图、取景、风景元素以及命名上沿用了中国"潇湘八景"绘画形式与内容，并创造出了日本特有的浮世绘风情画种类

日本浮世绘画家安藤广重作品《江户百景图》选

由田中诚雄、金东必、青木阳二三位日本学者合著的《日本"八景"的景观分布》(《日本における八景分布について》)④中提到，宋代的《潇湘八景图》传到日本，很大程度上影响了日本人对风景的印象。日本的"八景"分为"八景型"、"变形型"、"名胜型"三类，大约有612处。在《安藤广重描绘的＜名所江户百景＞作品中水岸空间构成研究》(《広重の描いた『名所江戸百景』にみる水辺空间の构成に関する研究》)⑤一文也写道，歌川广重描绘的119处风景中，多采用"落雁、归帆、晴岚、暮雪、秋月、夜雨、晚钟、夕照"来命名。在《"坊津八景"的景观意义及保护研究》(《名勝史跡「坊津」にみる「坊津八景」の景観的意义とその保全条件に関する研究》)⑥，一文中也涉及同样的观点。吴永三《风景画中的"潇湘八景"画面要素——以"潇湘八景"的再发展及其影响为中心》(《风俗・名所图における潇湘八景の图象的要素——潇湘八景图の再生产とその影響を中心に》)⑦，文章指出"潇湘八景"延续了中国"八字诗"的传统，采取了代表山水风景的四字组合命名方式。作者认为日本风景中"八"的数字组合是对"潇湘八景"现象的延展。"潇湘八景"图的流行促进了日本各种"八景"图的展开，提供了一个将日本风景和当地特色民俗相结合的框架。日本早稻田大学教育与综合科学学术院教授内山精也的专著《宋代八景现象考·新宋学》指出，日本非常重视来自外国的这一文化珍果，并且通过景名的对比以及"潇湘八景"中流露出的艺术和文化特征，研究中日"八景"的延承关系。⑧

3. 日本"八景"的布局选址

"八景"是与水有关的自然风景,崇尚自然则是日本传统的审美观念。漂浮于海洋中的岛国日本,海域面积辽阔,陆地面积狭小,所以日本"八景"风景的发展朝向海岛型、海洋型和水路型演变。"仁者乐山,智者乐水"。日本的山水文化,以"智水"为主流,选取水边作为"八景"之地,大力倡导"八景"观光旅游。

在深受中国宋元文化影响的日本室町时代,"潇湘八景"诗画的传入和发展,使得当时日本各地都以"八景"为本地景色冠名。"日本著名的国语学家本居宣长(1730～1801年)在《玉胜间》第12卷里有'此系学自唐土(日本古称中国)八景而命日名'的记载"。[9]从高云龙的文章《日本葛饰北斋风景版画与中国潇湘"八景"画题》、湖南日报文章《洞庭湖与琵琶湖的见证——写在湘滋结好25周年之际》和日本玄宫园的介绍等文字资料的记载,可以推论出,日本将"潇湘八景"看做是与中国洞庭湖相关的景象。于是在"八景"分区布局的选择中,日本更注重择取类似于洞庭湖的包围状水域,以表现日本轻柔飘逸、抒情含蓄、温和宁静、细腻婉转的山水风景。17世纪后半期开始,日本人根据"潇湘八景"的特征在日本风景优美的山水之地集中以"八景"命名,如"近江八景"、"盛冈八景"、"名取八景"、"霞浦八景"等,并且逐渐为世人所熟知。

中日 "八景" 山水风景命名对照表

潇湘八景(中国)	近江八景(日本)	博多八景(日本)	坊津八景(日本)
平沙落雁	坚田落雁	奈多落雁	田代落雁
远浦归帆	矢桥归帆	博多归帆	龟浦归帆
山市晴岚	粟津晴岚	箱崎晴岚	中岛晴岚
江天暮雪	比良暮雪	竈山暮雪	鹤崎暮雪
洞庭秋月	石山秋月	若杉秋月	御崎秋月
潇湘夜雨	唐崎夜雨	荒津夜雨	深浦夜雨
烟寺晚钟	三井晚钟	横岳晚钟	松山晚钟
渔村夕照	瀬田夕照	名岛夕照	纲代夕照

日本的"八景"选址具有典型的日本风景特征，多是选择围绕性的湖泊或海港岸边，是一种平远并且旷达的开放空间。远景、中景、近景的空间层次，将山的壮阔、水的柔美、树的清秀等展现得淋漓尽致。如"近江八景"所在的琵琶湖是日本第一大淡水湖，四面皆为山体，面积约 674km^2，符合开阔、辽远的"八景"意象。人们真正置身于广阔的山川、水泊之中，观赏者从画中移情于山水间，欣赏自然本真之美，品鉴、领悟画中的情志，完成一次对风景真挚的情感体验过程。

纵观日本"八景"的分区布局，结合日本当地的文化及其旅游资源，日本"八景"布局多遵循"潇湘八景"的景观分布规律，在名称上基本采用"潇

日本琵琶湖"近江八景"位置

湘八景"的框架，就连景点的布局选址也是效仿"潇湘八景"的风格。水体周边各景点相互关联，仿佛一幅卷轴。

日本的众多"八景"风光依据中国湖南"潇湘八景"之地山水风景仿造出来，它将中国传统文化孕育出来的"潇湘八景"中的自然景象更换为日本的胜景，将外来文化不断创新并使之本土化，从而把中国湘江流域的"潇湘八景"风景仿效到日本。日本的"近江八景"、"博多八景"等等都是融于自然大尺度当中的真实山水，虽承画境布局，继画境深意，但若将之认为是一种滨水景观甚至是滨水廊道的展现，它便是山水风景高度的艺术概括。这优美景象其中也蕴含了中国传统"天人合一"的思想意蕴。如今，人们仍然可以根据诗词当中的描述、绘画当中的元素，在真实的自然场所中寻觅到几近画面中原貌的景象。这也从侧面反映出人与自然的和谐思想对日本"八景"山水风景的延承作用。

日本已经建立了其民族"八景"文化识别，形成了较为完善的"八景"旅游及文化推广系统。2008 年 10 月，日本滋贺县观光旅游推介会在长沙举行。滋贺县琵琶湖观光协会会长高桥宗治郎热诚欢迎"潇湘八景"家乡人到滋贺县去旅游。[⑩]滋贺县知事嘉田由纪子在介绍该县的旅游资源时向湖南人发出了邀请："湖南有著名的'潇湘八景'，我们日本滋贺县也有'近江八景'，是很美的地方，欢迎湖南人去观光！"

4. 日本"八景"的拓展

日本写意风格的山水庭园与中国园林建造的方法相似，都是将自然山水浓缩在人居建筑环境之中，同时配以花木和建筑小品，将天然的山水风景缩移模拟在一个小空间内，从而创造出微缩景观。

中国园林多仿画作之布局，而日本枯园亦从绘画中吸取"八景"构景布局之方法。位于日本

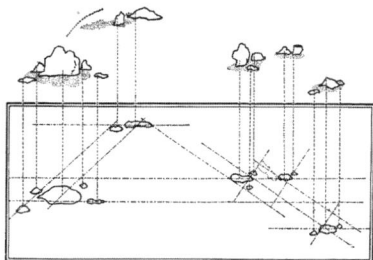

日本京都龙安寺枯园平面图分析

（来源：Geoffrey and Susan Jellicoe 著，刘滨谊主译：《图解人类景观——环境塑造史论》）

彦根城脚的庭园"玄宫园"建于 1677 年，"此庭园的建造概念和名称来自于中国湖南洞庭湖旁，唐玄宗建造的离宫庭园，园内专立一木牌，说明此园是模拟'潇湘八景'而建，与日本'近江八景'作对比"。[11]

深究日本"八景"枯园造景之源，同样来自于"潇湘八景"的内涵，只不过其园林方向的发展，拓展了"八景"艺术文化，增加了"八景"庭园的变化形式，丰富了"八景"的文化外延。枯山水庭园缘起于"八景"水墨画，如画面般淡墨的表现，清寂整洁。研"八景"绘画构景之精，习"八景"绘画笔韵之华，注重主从布局的虚实相衬，并且能够在视觉构成方面与"八景"绘画有一定的对应关系。

日本京都龙安寺

富岳三十六景《神奈川冲浪》

富岳三十六景《凯风快晴》

富岳三十六景《山下白雨》

日本"八景"文化已经逐渐从士文化向俗文化艺术形式演化。模仿只不过是日本艺术进步的一个过程，其最终是将创新作为目的。

尽管在水墨画的艺术表达上，日本继续沿用了"潇湘八景"朦胧气韵的丹青画法，但是后来逐渐演变出的浮世绘"八景"山水画，其近似于平面的色彩构成，却并不着重在乎画面的立体感，而且形式上也转换成了多幅合一的组合形式。到后来，在"八景"题材、色彩上也发生了变化，使得浮世绘"八景"更加多元化。甚至葛饰北斋《神奈川冲浪》当中滔天的巨浪和《凯风快晴》里金红色的富士山，都成为了日本民族的精神象征。日本的"八

景"画家在艺术题材上不再仅仅描绘山水名胜，而更趋于描绘日常生活中的场景。最典型的便是铃木春信的《坐铺八景》名扬海外。

日本"八景"绘画的演变，从最初关于"士文化"的绘画，到后来逐渐变成民间风俗画，其主题不变、形式多样，这是"八景"绘画艺术形式的进一步发展。世俗的"八景"浮世绘，较之"潇湘八景"水墨画，虽较少高蹈精神的展现，多了些民间文化的生活气息，但这是日本对于"八景"绘画艺术的传承和演绎，使之作为日式艺术风格而延续至今，对中国关于"潇湘八景"的发掘与开发能够起到一定的参考作用。

注 释

① 周阅：《潇湘八景在东瀛》，载《中华读书报》,2001-9-19（22）。

② 周阅：《"潇湘八景"的诗情画意——兼论中国绘画对日本的影响》，载《中国文化研究》，2008（春之卷）。

③ 高云龙：《日本葛饰北斋风景版画与中国潇湘"八景"画题》，载《艺术百家》，2009，107（3）。

④ [日]田中誠雄，金東必，青木陽二：《日本における八景分布について》，载 The Japanese Institute of Landscape Architecture，2000（3）：246。

⑤ [日]須藤訓平，渡部一二：《広重の描いた『名所江户百景』にみる水辺空間の構成に関する研究》，载《ランドスケープ研究》，2006，69（5）：725～730。

⑥ [日]石田尾博夫，包清博之：《名勝史跡「坊津」にみる「坊津八景」の景観的意義とその保全条件に関する研究》，载《ランドスケープ研究》，2006，69（5）：731～736。

⑦ [日]吴永三：《風俗.名所図における潇湘八景の図象的要素——潇湘八景図の再生产とその影響を中心に》，载 The Japanese Society for Aesthetics，55。

⑧ [日]内山精也著，陈广宏与益西拉姆共译：《宋代八景现象考》，见《新宋学》（第二辑），405页，上海，上海辞书出版社，2003。

⑨ 冉毅：《湖湘文化在日本》，载《湖南师范大学社会科学学报》，2000，29（3）：79。

⑩ 红网长沙 2008 年 10 月 31 日讯，记者：汤红辉。

⑪ 维基百科，http://zh.wikipedia.org。

四、

探寻古"潇湘八景"

在经过一年的前期研究后，2010年5月至2011年元月，作者开始了古"潇湘八景"实地寻访的工作。从对文本的分析与质疑到实地访谈，从各地方志办公室的拜访到古籍的查寻，从驾车沿湘江上游北上到乘船登岛，走遍了与"潇湘八景"有关的所有市县和乡村，从中获得了非常宝贵的第一手资料，发现了一些新的线索，对有争议的地点进行了论证，并对所有古"潇湘八景"风景区域范围进行了界定。

潇湘夜雨

1. 潇湘夜雨

出自战国至西汉初的《山海经·中山经》中"澧沅之风交潇湘之浦"，就开始将湘江称为潇河，而潇湘也成了湘江的别称。从古至今，人们便习惯将整个湘江流域统称为潇湘。

"湘水，出零陵阳海山，北入江。"[①]潇湘之源，主要的说法是在今广西的海阳山。《山海经》载"湘水出舜葬东南陬，西环之"[②]，是说湘水源自葬舜帝之地九嶷山，即现在的永州宁远县。日前北京大学历史地理研究中心通过研究得出了一个新的结论："湘江的真正源头，是位于永州市蓝山县万良乡野猪山南麓的大桥河。"[③]

无论湘江的源头出自何处，以潇湘之名冠之湘江之地，这一说法已成事实。而潇水与湘水汇合之处的永州市蘋岛便成为了划分湘江上游与中游的节点。古"潇湘八景"主要描绘的景点在湘江的中游和下游，以及洞庭湖一带，而永州人大都自豪地称这里为"潇湘八景"的第一景，同时也列举了"潇湘夜雨"在永州市蘋岛的不少佐证。

米芾诗句《潇湘八景图》之《潇湘夜雨》："卷雾回龙塔托云，移山矢浪雨倾盆。蕉亭笔冢龙蛇字，古渡平田道德文。两水潇湘舱外合，八悬溪壑柳边分。朦胧夜雨悠悠事，摇曳孤舟慢慢吟。"诗句中不仅描述了永州回龙塔、蕉亭等历史遗迹，而且其"两水潇湘舱外合"描写了潇湘二水的汇合处，其景观节点正是蘋岛。鲜于必仁［中吕］《普天乐·潇湘夜雨》诗句："白蘋洲，黄芦岸。密云堆冷，乱雨飞寒。渔人罢钓归，客子推篷看。浊浪排空孤灯灿，想鼋鼍出没其间。魂消闷颜，愁舒倦眼，何处家山？"白蘋洲亦即指永州蘋洲岛。

张远《潇湘夜雨》

"永自唐以前，未著厥名。自柳宗元、元次山辈……与潇湘云梦，同其咏歌。"④宋以后，文人墨客们将永州主要名胜集合成"永州八景"，即朝阳旭日、山寺晚钟、蘋洲春涨、香零烟雨、恩院风荷、愚溪眺雪、绿天蕉影、淡岩秋月。

蘋洲也叫蘋岛，它既是大"潇湘八景"中"潇湘夜雨"之地，也是小"永州八景"中"蘋洲春涨"之所。千百年来，当春水来涨，蘋岛总像一叶扁舟浮在江心，因而人们也称它为浮洲。蘋洲位于永州古城西北约8里、回龙塔沿潇水下行4里处，由大、小两岛组成。小岛40余亩，大岛800余亩。小蘋岛因蕴涵着丰富的文化底蕴和特殊的地理位置成为"潇湘夜雨"景观节点的中心。唐代诗人柳宗元曾泛舟潇水与湘水汇合的蘋岛，写下《湘口馆潇湘二水所会》诗，描述了当时的蘋岛风光。清代文人黄佳色纪云："湘流于左，潇合于右，浮洲于中。洲上旧多古树，烟拖杨柳，雨亚芙蓉，春媚秋娟，尤为特胜。"⑤诗句描述了蘋岛的地理位置以及它秀美的自然景色。

清光绪十年（1884年），邑人王德榜等开始筹资在蘋岛捐建蘋洲书院，光绪十三年（1887年）建成开讲。蘋洲书院不仅成为永州八县的最高学府，而且也被列为湖湘四大书院之一。蘋洲书院由清时的兴盛到新中国成立后的更名与搬迁，再到最近十多年的荒废，历经了风雨沧桑。而今永州人意识到了它的珍贵与价值，正在着力开发大、小蘋岛，恢复蘋洲书院，以打造永州旅游品牌形象。由永州零陵区旅游外事侨务局下属的旅游公司负责，上海同济城市规划设计研究院完成了《蘋洲文化生态岛概念性详细规划》。

潇水与湘水汇合处

2010 年 11 月 11 日,当我们踏上蘋岛,仍见古树林立,枝繁叶茂。青石板古道与两旁百年桂花树依旧。站在蘋岛的洲尾,见来自左侧的泗水与来自右侧的潇水交汇。湘水呈黄绿,而潇水显青绿,由于两水颜色的不同,在汇合处呈现出黄绿锯齿状交叉水纹,显清浊分界。

在蘋岛进行大规模建设之前,我们见到了不忍与不舍的一幕。这里正在用铲土机将桂花树两旁的古建推倒,属于老房子的青砖、黑瓦与梁木被肢解后堆积在青石板上,地上随手能拣到老建筑上破损的残留构件。

几年后,一个全新的"古"蘋洲书院将建成。

与蘋岛隔潇水而遥望的是回龙塔。回龙塔始建于明代,塔高 37.25m,砖石结构,立于潇水东岸的磐石之上。回龙塔呈八角形,白墙灰瓦,是潇水上的地标,并与蘋岛形成景观视线对接。

书院铲除后堆积在地的古建梁木

铲土车正在拆除剩余的老书院,古色古香的书院建筑今后只能在图片中寻找往昔的记忆

建于明代的回龙塔

蘋岛下游 10 里右岸，是老埠头村。老埠头是一个古老的村名，古称潇湘镇，又名湘口驿。潇湘镇也叫潇湘关，宋以后也叫湘口关，到了晚清以后才叫老埠头。这里从唐朝开始就是驿站。立在渡口的石碑记载着这里从五代十国开始就已有该驿站，距今有 1000 多年的历史。

从蘋岛乘船沿江而下，约 10 分钟，见左岸一古码头，青石台阶沿江边巨石"之"形而上，台阶旁簇拥着凤竹。在道路拐弯处，一棵老柚树上挂满了柚子，房舍隐于树中，只见屋顶。

此古码头的布局与景观元素是非常典型的中国传统绘画中常借鉴和表现的画面。村口立一石碑，写着"潇水自九嶷百折而入永州，北十里之老埠头，与湘水汇合，为最古之名区，五代时设有镇。"米芾的"潇湘夜雨"诗"古渡平田道德文"中"古渡"亦即是指潇湘镇。老埠头即是赫赫有名的潇湘镇。

潇湘古镇渡口

由于古驿站的衰落，眼前的老镇几乎荒废。遗留下来的老镇全长不过 50m，青石板路依旧完好，两旁老式柜台和大门依稀能还原出昔日的繁华。目前只能找到一个仍居住在这里的老人，她 4 岁时住到这里，现在已经是 87 岁高龄。

零陵区地方志办公室主任黎忠广先生介绍，老埠头古码头和古镇现在已被永州市列为文物保护起来，并希望能还原千年古镇的风貌，与蘋岛遥望。

在"永州府志图"之"潇湘图"中，⑥我们可以很清楚地了解到，《潇湘图》主要描写湘水与潇水汇合之处的空间结构和主要景点，包括白蘋洲（小蘋岛）、浮洲（大蘋岛）、回龙塔、潇湘楼（又称潇湘阁）、司马桥和司马塘。潇湘楼位于现在的永州市第一中学的江边，司马桥应是潇水支流上的一座石桥。潇湘楼和司马桥在清末民初时期被毁，而位于永州市区的司马塘在 20 世纪 90 年代被填平。

"潇湘夜雨"景观区域所包含的范围是以潇水和湘水汇合处的小蘋岛为中心，以自然生态环境为主题的大蘋岛、登高远眺二岛的回龙塔，以及北部的千年古镇——潇湘镇为补充，共同形成一个"潇湘夜雨"的文化遗产风景区域。

清嘉庆永州方志《潇湘图》

注 释

① 许慎：《说文解字》。

② 《山海经》（卷十三）。

③ 陈义勇，邓辉：《湘江的真正源头在哪里》，载《中国地名》，2006（11）：66-67。

④ 《永州府志》。

⑤ 转引自王衡生：《古郡零陵》，236 页，北京，中国和平出版社，2007。

⑥ 《湖南方志图汇编》，173 页。

"潇湘夜雨"风景范围手绘图

平沙落雁

2．平沙落雁

宋代大书法家米芾赋诗《平沙落雁》："山舒展翼水蒸烟，烟涌云凝锁大川。莽莽旅途千岭远，遥遥回雁一峰欢。栖鸿满岸汀沙闹，雁塑齐云石径闲。但奉此山为首领，春光明媚莫须南。"描写了湘江一带沙滩与云雾间，大雁嬉戏的平远山水场景。根据米芾的诗文记载，"回雁一峰"即位于衡阳市湘江边的南岳之首回雁峰。唐代杜荀鹤诗句"猿到夜深啼岳麓，雁知春近别衡阳"，也点明了衡阳这一地点。

张远《平沙落雁图》

在嘉靖《衡州府志》上有对回雁峰的记载："在县南二里，或曰'雁不过衡阳'，又曰峰势如雁之回，故名。"①回雁峰居八百里南岳七十二峰之首，故称为南岳第一峰。回雁峰之名传说有二：一曰，北雁南来，至此越冬，待来年春暖而归；二曰，山形似一只鸿雁伸颈昂头，舒足展翅欲腾空飞翔。王勃的名句："雁阵惊寒，声断衡阳之浦"。古城衡阳因此冠以"雁城"之名。

明代诗人史九韶在《潇湘八景记》中十分细致地描写了"平沙落雁"的景象："霜清水落，芦苇苍苍，群鸣肃肃，有列其行，或饮或啄或鸣或翔，匪上林之不美，懼矰缴之，是将云飞，水宿聊以随阳，此平沙之落雁也。"北宋宋迪，南宋牧溪、王宏，明朝文徵明等历代画家都有对"平沙落雁"景象的描画。

衡阳也有自己的"衡阳八景"。^①在"衡阳八景"之雁峰烟雨、石鼓江山、花药春溪、岳屏雪鸟、朱陵仙洞、青草桥头、东洲桃浪、西湖白莲中，描写

回雁峰的"雁峰烟雨"成为其"八景"之首，回雁峰在衡阳的地位可见一斑。

衡南县江口鸟洲风光

"山到衡阳尽，峰回雁影稀。应怜日暖远，不忍更南飞。"竺可桢先生的《物候学》说，冬初日照缩短，气温降至6℃，可激发雁南飞。若日照增长，气温稳定，在6℃以上，就适于雁的居留。而湖南地处亚热带，正好处于我国冬季最冷月平均气温0℃等温线以南，8℃等温线以北，一月份平均气温4~6℃。这一地带的沼泽、港汊、水库、池塘、水田等湿地极少封冻，大雁在这里有鱼虾可觅，有遗谷可寻，有湖洲芦苇可栖。它们或饮或啄，或嬉或栖，实在相宜。于是大雁不再南飞，选择在此安营扎寨，安度严冬。故衡阳成为大雁

南飞的最远栖息地，而衡阳以南雁声甚少。

在《衡阳府志图》之《南岳图》^②中可以清楚地看到，回雁峰是南岳最南端的山峰。虽然山势不高，但是其地理位置十分重要。它不仅是南岳第一峰，而且紧临古衡州府，鸟瞰城池与湘江，近观江中东洲岛，远眺石鼓书院，成为衡州府边最高点。回雁峰上的雁峰寺迄今已有1400多年的历史，在唐朝时已具规模，其历史渊源深厚。"潇湘八景"文化产生在宋朝，因此，宋以来的文人在描写"平沙落雁"景象时，应多站立于回雁峰或游于附近江上，观东洲岛一带大雁落于江洲的自然景色。

　　位于衡南县湘江支流耒水河上的江口鸟洲，是省级候鸟自然保护区。鸟洲的核心区域面积 35hm²，由陈家洲、张家洲、龙家洲三个岛组成，形成了良好的候鸟生存环境。洲上古树修竹成荫，气候温暖凉爽，附近水库、池塘星罗棋布，稻田、森林延绵成片，鸟类食物丰富。在寒冷的冬天，是大雁越冬的理想场所。这里常年栖息的鸟类有 16 目 37 科 181 种，被誉为"鸟的天堂"

2010 年 12 月 28 日，我们到达回雁峰广场。说是广场，实际是个街边小开放空间，也是雁峰公园的主入口。广场中心是一座高 12m 的大型圆雕——"雁雕"，由我国著名雕塑家周轻鼎教授创作。四只铜铝合金铸成的大雁形态各异，昂首云天，呈飞翔之势。由于"平沙落雁"与回雁峰在人文地理上的影响，使得该雕塑已成为衡阳市的标志与城市名片。但周边林立的高楼与城市的喧嚣，让这雕塑有种压抑感，大雁们似乎在挣扎着想要逃离这座原本也属于它们的城市。

回雁峰经过建设，现在已是市民休闲游玩、登高远眺的城市开放公园。千年古刹雁峰寺，古"衡阳八景"之冠"雁峰烟雨"，"潇湘八景"之"平沙落雁"最佳观景处，王夫之出生地王衙坪船山故居，2007 年新建成的衡阳市地标性建筑回雁阁等都为回雁峰增加了许多文化记忆和念想。

雁峰寺香火依旧，船山故居修复一新，回雁阁雄伟壮观，然古时所呈现的景象与意境难觅。站立在回雁阁顶层，只能见雾霾下的城市高楼林立，不能望见湘江，更难见"翩翩数行下"，"水落洲渚阔"的"平沙落雁"风景。

回雁峰广场上的雁雕

雁峰公园内新建的回雁阁

东洲岛坐落在贯穿衡阳市南北的湘江中心，洲头略宽，洲尾狭长，与岳阳君山、长沙橘子洲并称为湘江流域三大洲。东洲岛不仅是古代"平沙落雁"的景观点，而且也是古"衡阳八景"之"东洲桃浪"的所在地。"东洲桃浪"是因岛上昔人遍植桃树，呈现出"细看东洲桃浪暖"的壮观景象而得。

明以后，岛上开始有了较大建筑出现。最早是建于明代的罗汉寺。清光绪十一年（1885 年），船山书院迁至东洲岛。随着时间的推移，至今罗汉寺面积已有 3000m²，占据着东洲岛洲尾。而船山书院经过现代的几经更名，到 1962 年以后便开始荒废直至今日。

乾隆《衡州府志图》衡阳段

船山书院外景

2010 年 12 月 28 日，在衡阳市委办公室谢湘玉处长的陪同下，从湘江西岸乘坐当地渡船上东洲岛。船码头正在船山书院大门口，大门上刻有"船山学院"四个大字。民国五年（1916 年），船山书院与旧址合并，改为"船山存古学堂"，1922 年改为"船山国学院"，1926 年改为"船山中学"。这"船山学院"四字应该是 1922 年国学院遗留下来的痕迹。大门右侧墙上有石碑，刻有"1983 年公布为市级文物保护单位"字样，并明确了保护范围。船山书院经清末民初的建设，有讲堂、祭祠、藏书楼、课室、馆舍、湘绮楼等大小古建筑 12 栋，庭院中有彭玉麟、王闿运等名家栽种的古柏、古梅、古樟等。

青砖、白墙、红楼、黑瓦、蓝窗，加之清末欧式建造风格，映射出船山书院在昔日东洲岛上的辉煌。然而，经历了半个世纪的荒废之后，眼前的书院状况令人有些担忧。院内杂草丛生，二层楼板、楼梯、屋顶等多处已垮塌，墙面大面积开裂，摇摇欲坠。虽该楼已列为危房，但仍有不少居民居住在书院的一楼。后园的空坪处种满了蔬菜，俨然已成为"占用人员"的世外桃源。

船山书院古建

而紧邻书院的罗汉寺要好很多。现在，这里成为了衡阳市重要的宗教活动场所，也是东洲岛上主要的人文景观。岛上明代银杏树、千年古树"五指樟"等都保存完好。

由于大源渡水电站的修建，使湘江常年水位提高，东洲岛洲头的沙滩大部分已被江水淹没，加之"城市猎人"的捕杀与城市环境的污染与喧闹，大雁不再在这里"收翅落脚"，"平沙落雁"景象不再出现。

由大雁南飞引出的回雁峰之名与"平沙落雁"之景，已深深地铭刻在了"雁城"人的心中。在衡阳，河岸上拼贴着大雁的图形，公园的地面上也拼贴着大雁的轮廓，花坛边用两方连续的大雁组成护栏图案。在衡阳的大街小巷上，有很多以"雁"命名的道路、宾馆、酒店，还有被誉为"雁城四宝"的产品：南岳云雾茶、西渡湖之酒（黄龙玉液）、衡南鸽来香、南岳雁鹅菌。大雁已经成为衡阳市的城市形象和主要的文化品牌。

以衡阳市东洲岛为视觉中心，站在雁峰公园回雁阁之上登高远眺其岛，船山书院、罗汉寺、"东洲桃浪"尽收眼底，同时将北部的石鼓书院作为风景补充，共同形成"平沙落雁"的文化遗产区域。

注 释

① 《嘉靖衡州府志（册一）》，99 页。

② 《湖南方志图汇编》，128 页。

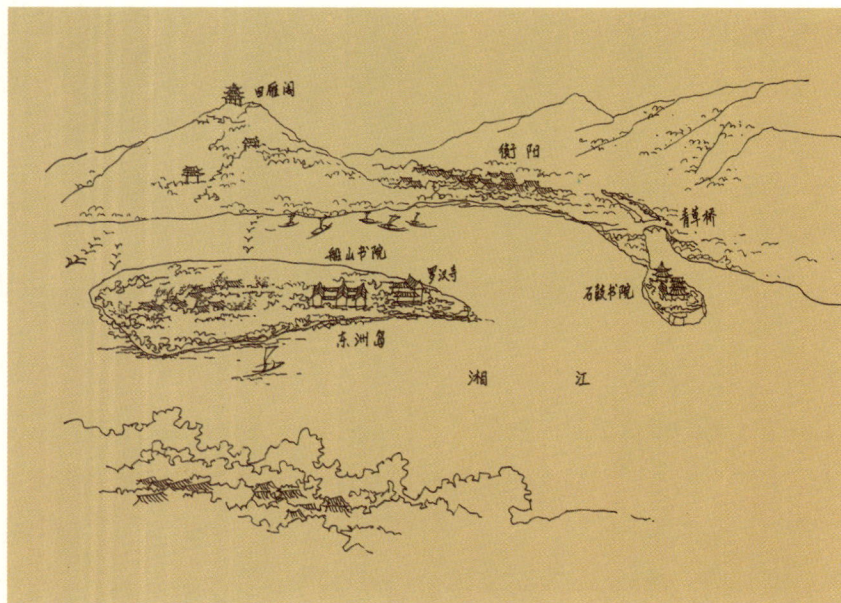

"平沙落雁"风景范围手绘图

烟寺晚钟

3. 烟寺晚钟

南宋王宏、牧溪，宋代张经、叶茵、李齐贤，元代揭奚斯、易昭，明代薛瑄、钟世贤等宋以来画家和诗人创作了很多描写"烟寺晚钟"的绘画和诗歌。《长沙府古迹考》[①]中认为"潇湘八景"都在长沙湘江一带，"烟寺晚钟"所描写的寺庙在江心水陆洲上的水陆寺。明朝礼部尚书李腾芳认为"潇湘八景"都在湘潭境内。康熙《湘潭县志·山水论》载：潇湘八景中"烟寺晚钟"的"烟寺者，石塔寺也"。

在所有描写"潇湘八景"的诗歌中，唯有宋代画家、诗人米芾的"潇湘八景"题画诗较为准确地点明了各景的地点与位置。他在"烟寺晚钟"诗中写道："暮院钟声振石矶，清凉夜雾路桥迷。红墙古寺青烟溢，白月新帆紫气披。一遍钟声一梦非，半旗桅影半诗题。华年似锦僧敲警，紧系飘航莫让移。"另有一首："绝顶高僧未易逢，禅林常被白云封。残钟已罢寥天远，杖锡时过盖紫峰。"前者点出了"红墙古寺"的"清凉钟声"，后者点出的"紫峰"即巾紫峰。清凉寺与巾紫峰都在衡山县内，因而流传至今的"烟寺晚钟"即指衡山城北的清凉寺。

明代诗人萧士熙有诗《清凉寺古松》[②]开首道："大江讯终古，梵宇开江隩。远岸迷长芦，沙喈见空洲。"描写了清凉寺及周边江水、沙洲、芦苇的空间环境，点明了清凉寺坐落于江水边，亦是一幅宽阔的平远山水风景画。这"空洲"应是清凉寺下游不远处的观湘洲。明代另一诗人钱帮芑写有《清凉寺诗》："村郊竹树带横塘，百宝谁装选佛场。欲向莲花求寂乐，先从城市得清凉。山开衡岳千峰拥，江引潇湘九脉长。欲问前贤禅化事，丰碑断续倚绳床。"[③]更加清晰地描写出古清凉寺在城郊的潇湘水边，寺周有竹林、池塘、荷花等自然美景。

在刘国强先生编著的《湖南佛教寺院志》一书中，提及清凉寺"为唐代（678～907）邓隐峰禅师始建。又名方广寺"。[④]并且提到原址是宋代著名的"潇湘八景"之一"烟寺晚钟"的所在地。在《衡阳市志》之"文物胜迹"中有对清凉寺的描述："位于县城北，今衡山第二中学所在地。正中大雄宝殿高敞简朴，是清代改建，皆于 1958 年拆除。原有前山门，左立状元碑，右立贞节坊，均唐代建筑物。……毁于'大跃进'乱砍滥伐中。"

在《湖南方志图汇编》之《(乾隆)衡州府志》卷三《南岳图》中可以看到，衡山县城外北边是清凉寺，南边是文峰书院，西边是巾紫峰，东边是湘江，清凉寺下游不远处是观湘洲。

乾隆《衡州府志图》衡山县境

老清凉寺仅存的古树

2010年12月29日上午，我们到达衡山县史志办，占仲容主任向我们提供了明朝弘治年间的《衡山县志》和《衡阳市志》。在《明弘治衡山县志》中，我们看到了关于"老衡山十景"的记载。明朝王肇写有"衡山十景"诗句，明确为：开云晓钟、雷溪夜月、芙蓉飞瀑、绝顶寒松、岳路樵歌、桐冈牧笛、觞流曲水、帆泊观湘、舜洞晴云、禹碑古篆。据政通亭汉白玉浮雕记载，清代王大经公余游城郊，诗兴大发，随即拟定"衡山近郊八景"：湘江夜雨、晓霞晴岚、腰峰雨注、雷溪月色、流杯曲水、开云晓钟、观湘返照、桐岗归牧。在这"十景"和"八景"中，"帆泊观湘"和"观湘返照"都是描写位于衡山县北湘江上的观湘洲，可见观湘洲在衡山县地理的重要性与风景的独特性。而前文中提到的《清凉寺古松》诗句中的"空洲"也是指在清凉寺能望见的观湘洲。因此，观湘洲也应属于"烟寺晚钟"的视觉与空间环境范围。

从衡山县城区向北，我们找到了清凉寺旧址衡山县第二中学，这里已经是一所较大规模的县级中学。高大的教学楼和宽阔的运动场以及嬉笑追赶的中学生，让我们不觉一片茫然。当问及学生们，学校最大最老的那颗樟树在哪里时，孩子们都不约而同地指向了操场一角，这就是老清凉寺的唯一遗物。古樟主干粗壮，虽上部分树皮大都剥落，露出斑驳的痕迹，但它仍然枝繁叶茂，努力地坚守着这方寸之地，以绝美的姿态迎向天空。

1998 年，常德籍僧人释怀德大师来衡山筹资重建清凉寺。他选择了衡山县城西南巾紫峰的峰顶，在陡峭的山峰上历经数年，建起了一座"递次三层"的庙宇。进入"紫巾公园"牌坊后，沿着水泥盘山公路，到达山腰的"观湘亭"，该亭的建造年代不能辨认，但应是 20 世纪中期修建，保存很完整。它以"观湘"命名，可能是站立于此，可遥望观湘洲或纪念它而得名。沿石阶登上 123 级百步"云梯"，不远处，一座高大雄伟的红色楼宇立于山巅，这便是怀德大师打造出的清凉寺。

新清凉寺的建造的确令人震惊。这是一栋四层的群楼，钢筋水泥结构。楼的全身涂沙土红，屋檐上翘，外置楼梯将各殿堂连接——二楼为天王殿、三楼为观音殿、四楼为大雄宝殿。在二楼楼梯口外，上下各挂牌匾"清凉寺"和"清凉禅寺"。

新清凉寺常年有五位僧侣驻守，怀德大师是该寺的主持。这次的造访没能见到怀德大师，据说大师前往长沙化缘。怀华师傅接待了我们。他说清凉寺也叫镇南寺，因位于城郊西南而名。由于怀德大师是常德人，这里的僧侣也大多是来自常德，有着浓重的常德口音。

站立在四楼大雄宝殿的楼梯口，整个衡山县城尽收眼底。远景是朦胧的群山与天相连，湘江如带，观湘洲点缀其上，中景是整个衡山县城，近景是城郊田舍和巾紫峰的森林。这也许是衡山县城的最佳观景点。

巾紫峰上的观湘亭

清凉寺外景

屹立在巾紫峰峰顶的新清凉寺，带给我们的不仅是视觉上的震撼，更是怀德大师对宗教信仰的执著与坚守。站在这现代建筑风格的庙宇之上，仍然能俯瞰湘江的美景，也仍然能将它的钟声传向远方

有人说："游南岳，登祝融，不上观湘洲，枉走衡山一场空。"自古以来，"观湘夕照"是"衡山八景"之一。观湘洲位于城北湘江主航道西侧，距县城5km。它浮卧湘江中流，四面环水，与衡山湘江大桥和下游的熬洲岛连成一线。传说观湘洲是神仙钓的金牛变化而成，号称不沉之洲。据说不管江水涨多高，洲总是平浮水面，不被淹没。我们在衡山县委的协助下，乘坐海事巡逻船从大桥出发向北约20分钟后到达观湘洲。在观湘洲码头，见一座城堡式门楼映入眼帘。暗红色墙面上"观湘洲娱乐城"黑底金字特别耀眼。洲上树木繁茂，百年以上的大树随处可见。这里原为优质柑橘和多种经济作物的重要生产地，经过21世纪初的开发，发展成为娱乐休闲、游泳、垂钓、避暑之地。但由于娱乐城性质转变，成为了聚众赌博城，已于几年前被政府查封。观湘洲由此被荒废，无人居住，一片萧条，成为了真正的"空洲"。

据衡山县史志负责人和洲边放羊老农介绍，洲上原有文峰宝塔和文峰书院。登塔纵观湘江景色，逆流南向，静影沉碧，让人心旷神怡，洲名因此而得。可惜在岛上找不到任何文峰宝塔的痕迹。在岛上，我们找到了三块碑，一块是嘉庆十三年（1808年）有关文峰书院的记录，另一块是光绪十三年（1887年）众人捐资书院的功德碑，上面清楚地辨认出"清凉寺"这几个字，可见文峰书院与清凉寺在历史上

观湘洲现状

是有一定联系的。文峰宝塔和文峰书院这两座古建筑在1938年已被日本飞机炸毁，只有这几块石碑见证了文峰书院的历史。

但在乾隆时期《南岳图》中看到，文峰书院在衡山县南，而不在县北的观湘洲上，《南岳图》与岛上的石碑存在着矛盾。图中离观湘洲不远东边的小岛上立一座宝塔，无名。是否就是人们提到的文峰宝塔？观湘洲上碑刻有嘉庆十三年（1808年）和光绪十三年（1887年）对文峰书院的记录，应该是乾隆时期文峰书院在衡山县南，而到了嘉庆时期该书院迁至观湘洲。地方志记载，1938年以前文峰宝塔也在观湘洲上。这应该是乾隆时期《南岳图》中离观湘洲不远东边小岛上的宝塔，由于几百年来的河沙淤积，小岛与观湘洲连在了一起。

"烟寺晚钟"景观区域所包含的范围是以巾紫峰峰顶上的新清凉寺为中心，站在清凉寺楼阁之上俯瞰衡山县城，将北部湘江上的观湘洲作为远景，形成"烟寺晚钟"文化遗产风景区域。

注 释

① 《古今图书集成历象汇编·干象典》1213卷。
② 《衡阳市志》之"古今诗文选"，722页。
③ 《衡阳市志》之"古今诗文选"，723页。
④ 刘国强：《湖南佛教寺院志》，133页，香港，香港天马图书有限公司，2003。

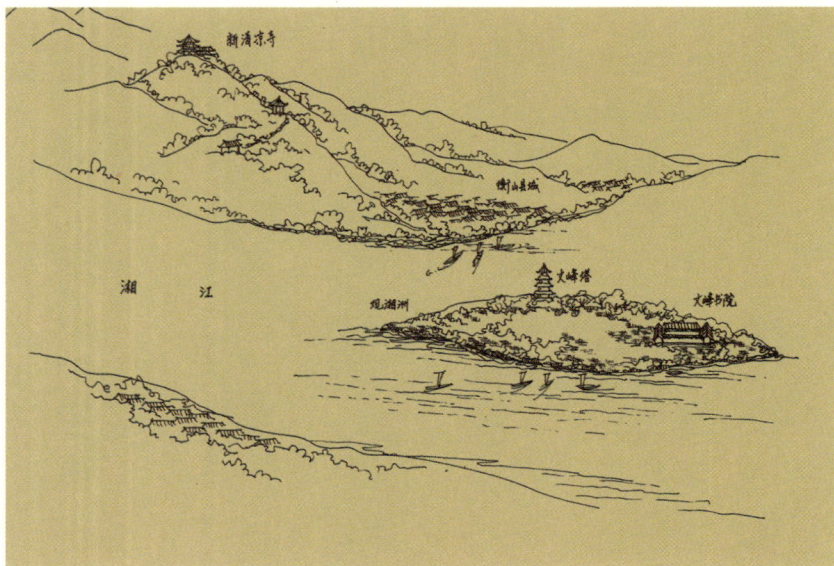

"烟寺晚钟"风景范围手绘图

渔村夕照

4．渔村夕照

在邹容、周志刚书中提及"潇湘八景"散落于湖南各地，即"五景在湘江沿岸，两景在洞庭湖一带，一景在沅江桃源段"。①现在桃花源风景区外沅水上的白鳞洲就是普遍认为"渔村夕照"所指的渔村。

湖南师范大学陈蒲清教授指出"渔村夕照"在沅水流域是个错误。

"把'渔村落照'的'渔村'说是在桃花源，不符合古代的行政区划。桃花源不在湘水流域，而在沅水流域。从春秋时代直到宋朝，湘水流域与沅水流域不属于同一个行政区域。唐朝，湘水流域属于江南西道，治所在洪州（今江西南昌）；沅水流域属于黔中道，治所在黔州（今重庆彭水）。宋朝，湘水流域属于荆湖南路，治所在潭州（今长沙市）；沅水流域属于荆湖北路，治所在江陵。元朝，湘水流域属于湖南道，沅水流域属于湖北道。所以，'潇湘'是不能包括桃花源的。"②

这里，陈先生主要从历史上的不同区划进行了论证。此外，湘水和沅水由于古代行政区划的不同，使得从古至今两地的方言也不同。湘江流域属于一派方言，而沅水流域属于西南官话，它与武汉、四川话很相似。

2010 年 10 月 29 日，在桃源县党史办、地方志办采访了罗志秋主任，他表示：现存最早的县志是明朝万历年间，并没有明确记载"潇湘八景"与"渔村夕照"，但是大家都知道"渔村夕照"是指桃花源的白鳞洲这个地方。为什么宋迪画的"潇湘八景"中，七个在湘江沿岸，一个在桃花源，这个可能与桃花源的历史文化有关。陶渊明的《桃花源记》应该是在公元 365 ～ 427 年间完成。在东晋之前，桃花源就是一个道教圣地，香火旺盛。而陶渊明写有"武陵人捕鱼为业"，很多人就按图索骥，桃花源就变得很有名了。在宋朝之前，很多文人墨客就已游历于此，并且留下了很多诗词，因而后人觉得把"渔村夕照"放在桃花源较合理。这就出现了"潇湘八景"有七个景点在湘江流域，一个在沅水桃花源之说。

但是在桃源县的方志中没有一个地方提到"潇湘八景"与"渔村夕照"以及他们的关系，只是在"景致"中有"桃川内八景"和"外八景"。"内八景"在桃花源景区内，"外八景"在桃花源景区外的沅江沿岸，而桃花源景区本身也是"外八景"的一景。"外八景"采用"四字格"的形式：桃川仙隐、白马雪涛、渌萝暗画、楚山春晓、潼泷晚渡、漳江夜月、浔阳古寺、梅溪烟雨。③"外八景"中未见"渔村夕照"的身影。

宋代诗人、画家、书法家米芾写有诗《渔村夕照》："晒网柴门返照景，桃花流水认前津。买鱼沽酒湘江去，远吊怀沙做赋人。"诗中提到"湘江"二字，点明了水域范围。元代诗人陈孚写有《潇湘八景》，其中有描述"渔村夕照"诗句："雨来湘山昏，雨过湘水满。夕阳一缕红，醉眠莫相暖。渔网晒石上，腥风吹不断。野凫沉更浮，沙汀荻牙短。"诗中亦有提到"湘山"与"湘水"。

明代诗人史九韶写有《潇湘八景记》："翼翼其庐，濒崖以居，泛泛其艇，依荷与蒲，有鱼可脍，有酒可需。收绫捲网。其乐何如，西山之辉，在我桑榆，此渔村之夕照也。"描写了"渔村夕照"的总体风景特征。

"渔村夕照"不在沅水流域的桃源县，应当在湘江流域。那么它又会是哪里呢？

清雍正撰有蒋延锡等校《乾象典》，其中《长沙府古迹考》，指"潇湘八景"全在长沙城西湘江一带。

"渔村夕照，夕阳将谢，彩虹璀璨。若三洲南湖港是已。"④原来的"三洲"系指："中洲，即泥洲。上洲，即直洲。誓洲，白小洲。俱在县西湘江中，三洲宏敞。"⑤从地理区位的描述看，这三洲应该是指现在湘江长沙段的傅家洲、橘子洲和柳叶洲。现在的南湖港港口码头已不存在，但仍有一条名为"南湖港"的小街在湘江边。《长沙府古迹考》中"渔村夕照"所指"三洲南湖港"应该就在现在长沙市天心区南湖港路，朱张渡以南的位置。《水经注》载，船官"北对长沙郡"，"湘州商舟之所以次也"。宋以后，南湖港逐渐淤塞。"去县南二里，内有深港郡，大江面北。难于泊舟，以故客商不到，贸易少。而民无所资。"⑥南湖港原为湘江金盆岭以北东岸的一条支流，是自唐以来的"船官"之处，也是船舶屯集的贸易港口。目前，没有找到任何关于南湖港是渔村或渔港，因而不能确认"渔村夕照"中的"渔村"是长沙的南湖港。

明朝湘潭人李腾芳，时任礼部右侍郎兼翰林院侍读学士，写有《论潇湘八景》："一曰渔村夕照。或云在杨梅洲，或云在兴马洲。"他提出了两个有"渔村夕照"特征的地方，即湘潭境内的杨梅洲和兴马洲。

兴马洲位于长沙县暮云镇西南湘江中，是湘江过昭山进入长沙境内的第一大洲。兴马洲面积1.45km²，远在唐代即已开发。洲上产橘，因而也叫橘洲。五代楚王马殷踞长沙为国都，将兴马洲作为后梁楚王马殷放养御马之地，也是楚王于长沙的门户。郦道元《水经注》载："湘水又北，经南津城西，西对橘洲。昭山下有昭潭，与兴马洲首尾衔接。"兴马洲古称南津洲，在《水经注》图中位于南津城附近。兴马洲南望昭山，西隔湘江，与湘潭县相望。其形状如舟，控湘江水路之咽喉，形势极为险要，为长沙天然屏障。

兴马洲最早是放养御马之地，没有史料记载有关渔村等内容。但近一百多年来，洲上一直有渔民居住。

杨梅洲位于湘潭市区西部，是湘潭市内唯一的江中洲屿。与杨梅洲隔江相对的是窑湾。不远处有唐兴寺、石嘴垴、望衡亭、唐兴桥等遗迹。在这些遗迹以及史料记载中显现出了不少"渔村夕照"的身影。

杨梅洲有1700多年的造船史。晋朝陶侃驻兵石嘴垴的时候就在杨梅洲造兵船，南宋时期开始造商船，明朝时杨梅洲的造船业较为发达。

1853年，曾国藩率湘军在杨梅洲办水师，建船厂，造战船。在石嘴垴的上方，从晋朝开始，就记载有两个亭子，一个望月亭，一个钓鱼亭。据说陶侃曾经在这个地方钓鱼。亭中石碑《望衡亭记》载："波光帆影，百鸟翔集，蓼渚芦汀，参差夕照。"窑湾最早叫石湾，因为它在石嘴垴这个大石头后面，后来又叫做锦湾，有个时候也称这里为渔湾。元朝著名进士燮理溥化有一句诗："雄风入座披襟好，静看渔舟上锦湾。"[⑦]

杨梅洲的造船业，石嘴垴上的钓鱼亭，《望衡亭记》中描述的"帆影"与"夕照"，有"渔湾"之称的窑湾以及"渔舟上锦湾"等记载，可以推测杨梅洲等周边区域与"渔村夕照"在史料记载中较为贴切。

2010 年 11 月 26 日，课题组前往湘潭市调研。重点考察了杨梅洲以及附近窑湾、唐兴桥、石嘴垴、望衡亭等老街和景点。

杨梅洲是湘江弯道中的一个小洲，隔了一条河与窑湾相邻。杨梅洲长约 2500m，宽度在 200～300m 之间，呈月牙形卧于江水西侧。杨梅洲自古以来以产茄子而著名，湘潭老百姓有句俗话说："过了杨梅洲，莫想吃茄子。"现在它仍然是湘潭市主要蔬菜产地。登上杨梅洲，举目望去，各种蔬菜郁郁葱葱，长势可人，这主要是因为洲上沙土肥沃。顺小道南行，见几艘大货船正在洲上建造。整齐的绿色蔬菜与高大的橙色轮船形成鲜明的色彩对比，彰显出最自然的工农业和谐景观。

杨梅洲上的蔬菜农业景观

在湘江河滩上回望杨梅洲

再往南走至洲的南端，是地图上标注的杨梅洲水上公园。公园面积不大，但它占据了整个洲头地段。园内有小型宾馆和几栋服务型的小建筑。来此游玩的人很少，建筑物几近荒废，个别只剩下建筑框架，十分萧条。但也正是由于多年的荒废与人烟稀少，减少了人对环境的干扰与破坏，使得这里焕发出勃勃的自然生机与活力。园内树木茂密，草地郁郁葱葱，泥巴小路蜿蜒在树林里，自然而富有野趣。

在杨梅洲上未见打鱼人，但在洲内的河滩上，有些打鱼船停靠在岸边。

　　位于杨梅洲南端的水上公园，在经历了从建园初期的兴盛到现在的萧条与冷清之后，这里重新焕发出勃勃的自然生机与活力。近处的生态风景与江对岸湘潭钢铁厂的厂房和高耸的烟筒形成了鲜明的对比（温瑞芬摄影）

在杨梅洲不远处，是湘潭非常著名的一系列人文景观。十八总窑湾街区东起望衡亭，西止杨梅洲，是目前保持最完整的历史街区。该地段有恒昌吉店铺、望衡亭、唐兴桥、石嘴垴、陶侃墓、何腾蛟墓及民国汽车站站房旧址等。

窑湾在唐宋时期就有谷米交易。谷米市场兴起于明代中叶，大盛于清初，窑湾使湘潭成为全国大米市之一。不仅如此，窑湾也是湘潭近代机械工业的发祥地、木材积散地以及蛋粉业生产加工地。明末清初，湘潭窑湾的商业蜚声南北，粮食市场、机器工业、木材市场、蛋品市场等非常繁荣，也使得这一带成为湘潭最重要的商业中心。现存于窑湾附近的民国汽车站旧址，也可证明这里曾经的繁华。窑湾是目前湘潭市保存最完整的老街区之一，其传统民居和临街店铺仍维持砖木或竹木结构，为青砖青瓦单层或两层建筑形式。窑湾由于每年可能遭受到洪水侵袭，政府与开发商还未曾涉猎到此，因而在原住民的坚守与维护下，窑湾老街在风雨中仍然静立于此，分外古朴。

唐兴桥和立于石嘴垴之上的望衡亭是湘潭市文物保护建筑。唐兴桥始建于明朝，距今已有约400年的历史。桥上34根望柱的柱头上雕刻有形态各异的狮、猴、象、鹿、兔等，具有较高艺术价值。望衡亭始建于晋代。站立于亭中，极目远眺，可以北望岳麓山，南眺南岳，观湘江蜿蜒于天际。紧立于湘江边的石嘴垴是一块巨大的红砂石。它阻江而立，是湘江边独特的自然景观。石嘴垴和其下的陶公潭给后人留下了很多故事与传说，为这一带增添了不少神话色彩。

现代版的"渔村夕照"场景

考察中发现，在离杨梅洲和窑湾老街不远处，望衡亭至唐兴桥一带，已成为市民休闲娱乐的"渔村"。一家连着一家的大排档餐馆，大都以鱼作为主打招牌菜，成为湘潭市民的食鱼街。而唐兴桥下江中无数撒网、垂钓的小渔船，江边或立或蹲的垂钓者，在唐兴桥、石嘴垴、望衡亭以及不远处夕阳之下的杨梅洲的衬托下，更是一派捕鱼钓的壮观景象，实为现实版的"渔村夕照"。

杨梅洲上正在修造的挖沙船

杨梅洲水上公园内的造船区

注 释

① 邹容、周志刚:《发现另一个湖南·溯水行》,125 页,长沙:湖南科技技术出版社,2009。

② 陈蒲清:《八景何时属潇湘——"潇湘八景"考》,载《长沙大学学报》,2008,22 (1):12。

③ 明万历《桃源县志》,14 页,北京,大众文艺出版社,2008。

④ 《乾象典》之《长沙府古迹考》,第 156 册第 20 页。

⑤ 《乾象典》之《长沙府古迹考》,第 155 册第 30 页。

⑥ 《乾象典》之《长沙府古迹考》,第 155 册第 40 页。

⑦ 周磊,张婧:《昭潭夜话》,长沙,湖南音像出版社。

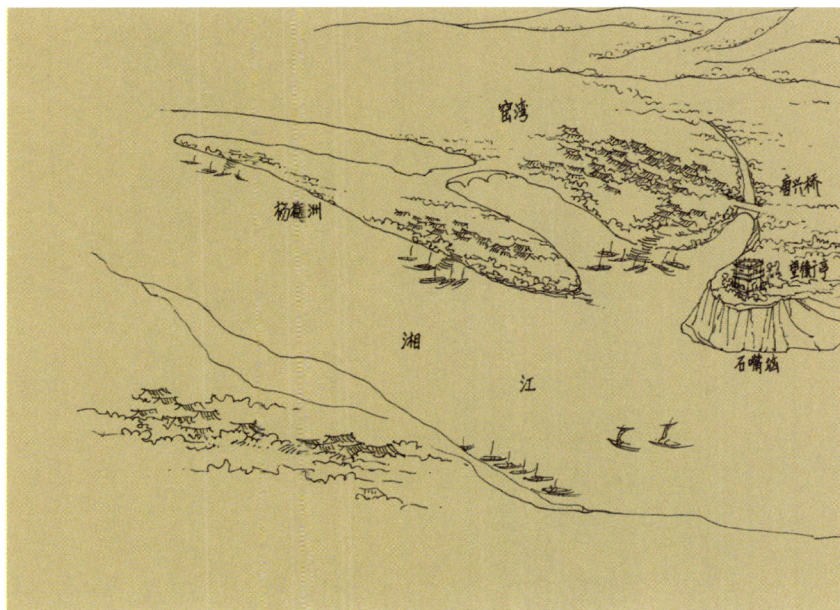

"渔村夕照"风景范围手绘图

山市晴岚

5. 山市晴岚

　　"山市晴岚"是古"潇湘八景"之一的景观，是指位于湘潭市南湘江边昭山一带的风景。"山"是昭山，"市"是易家湾集市，"晴岚"是指雨后初晴水汽在山间弥漫的自然景象。"山市晴岚"最佳的观赏时间是雨后初晴的春天。大雨过后，有岚气在山间弥漫流动，就有可能出现奇特的"晴岚"景观。

　　昭山之名，来历已非常久远，据说是周昭王南巡至此而得名，至今有近3000多年的历史。昭山原是古代湘潭县东北的门户，从昭山北上便进入善化县（今长沙地区），也是南部衡阳、郴州、永州等地北上长沙的水陆交通咽喉。从古代都甲图、驿站图可以看出，昭山是古湘潭的地理标志，也是古代湘江流域中湘地区大宗货物运输船只停靠码头。《水经注》图有"昭山昭潭"①的记载。现存于昭山山顶的乾隆四十九年（1784年）碑刻记载有"昭

山市晴岚方志图

山为中湘巨镇"即可证明。

　　宋代大书法家、画家、诗人米芾赋诗"山市晴岚"："浮岚不惧湿云倾，沛雨甘霖总带晴。霭霭烟花留画舫，翩翩山市立诗风。玉仙出沐披霞帔，昭帝横波落纸舷。四十八门龙洞远，洞天街市入丝屏。"昭山名声大震，也得益于米芾画的一副《山市晴岚图》，并配诗一首："乱峰空翠晴沉湿，山市

昭山风光

岚错近觉遥。正值微寒堪索醉，酒旗从此不须招。"写尽了昭山"山市晴岚"的姿色，该画对昭山的烟雨碧波、晴空朗翠作了传神描绘。而宋迪所绘"潇湘八景"中亦有对"山市晴岚"风景的描绘，由此可确定"山市晴岚"归属为昭山。

方志昭山全景图

此后历代很多诗人留下了不少描写这一风景的诗句。宋代僧侣诗人释惠洪写有《山市晴岚》诗："宿雨初收山气重，炊烟日影林光动。蚕市渐休人已稀，市桥宫柳金丝弄。隔溪谁家花满畦，滑唇黄鸟春风啼。酒旗漠漠望可见，知在柘冈村路西。"南宋皇帝宋宁宗赵扩写有《山市晴岚》诗："薮泽趁虚入，崇朝宿雨晴。苍崖林影动，老木日华明。野店收烟湿，溪桥流水声。青帝何处是，仿佛听鸡鸣。"元曲作家马致远在[双调]《寿阳曲·山市晴岚》中也有该景的描写："花村外，草店西，晚霞明雨

收天霁。四围山竿残照里，锦屏风又添铺翠。"元代诗人陈孚《山市晴岚》诗句："茅屋八九家，小桥跨流水。市上何所有，寒蒲缚江鲤。犬吠樵翁归，家家釜烟起。共喜宿雨收，霞明乱山紫。"这些诗句描写了昭山一带紫气缭绕、岚烟袭人、云蒸霞蔚，一峰独立江边的美景以及小桥流水、街市繁华的生活场景。明朝史九韶在《潇湘八景记》中有对"山市晴岚"风景的描述："若夫依山为谷，列肆为居，鱼虾之会，菱芡之都，来者于于，往者徐徐，林端清气若有若无，翠含山色，红射朝晖，敛不盈乎。一掬散则满乎，太虚此山市之晴岚也。"此外，北宋宋迪，南宋牧溪、王洪，明代文徵明，清代石涛等画家都留下了"山市晴岚"山水画。它们充分展示出昭山一带水气弥漫、峰峦出没的美景。这里既有集市喧闹、交易活跃的动感美，也有鱼虾、菱白、芡实等水产品和酒肆飘香等社会繁荣的和谐美。"山市晴岚"描写了柳树和溪桥、山下人家、码头和集市，且以渔业、沽酒、渡船为主。其中描述的森林、水鸟、鱼虾、湿地植物以及自然山水景观，不仅反映了当时的自然生态环境，也体现了湘江水文和地理状况以及当时的交通和社会经济状况。

唐朝初年，在昭山山顶建有昭阳寺。宋以后，在昭山陆续建有黄龙庙、许逊祠、魁星楼、灵官庙、昭立寺、昭山古蹬道、宋家祠堂等人文景观。昭山也发展了自己的"八景"：屏风夕照、拓岭丹霞、桃林花雨、双井清泉、老虎听经、狮子啸月、古寺

飞钟、石港远帆。

2010 年 9 月至 11 月，我们三次到昭山。在昭山风景名胜区管理处办公室主任方欣文先生的陪同下，主要对"山市晴岚"诗画中所描写到的昭山古寺、兴马洲、易家湾、古码头、下港桥等进行实地考察。

位于昭山山顶的昭阳寺始建于唐初，唐代时叫昭山禅寺，宋时称昭阳殿，明、清时称昭山观，历代都是昭山的主要胜迹。1982 年 9 月，由湘潭市人民政府公布为重点文物保护单位。昭山古蹬道始建于唐初。乾隆四十二年（公元 1777 年），由湘潭宋氏家族倡导湘潭县（今株洲市、株洲县、湘潭市、湘潭县）及善化县（今长沙市、长沙县、望城县）等地富绅捐资修建。古蹬道全长 1314m，沿途可见月夜松涛、

昭山顶上看湘江

昭山顶上的碑刻

云梯路、七贤缘等路景。

沿着麻石古蹬道拾级而上，路的两旁树木苍翠，空气温润清新。登至山顶，顿觉视野开阔。极目远眺，湘江南来北去，在此拐了个 U 字形大弯。兴马洲、易家湾尽在眼底。昭山直立于江边，俊秀而挺拔。昭山古寺前的平台是观湘江的最佳景点。

昭山是一个依山傍水之地。它独依湘江，余脉绵延而去，对面是一片一望无际的平原。在古代，这里的水域应当更加宽阔或是存在大片湿地景观。因此，在湘江中欣赏"山市晴岚"的视角会更宽广。如今，此平原与湘江搭界之处有硬质驳岸，与湘水隔开。

在考察中发现最佳的观赏点应在湘江 90° 拐弯处，昭山斜对面临水的平原（古时应为水域）边，与昭山遥遥相望，雨后初晴时，水气在山上弥漫，峰峦时隐时现，易家湾古镇及码头热闹的场景，共同形成美轮美奂的绝美风景。

　　"山市晴岚"的最佳观赏点在昭山对岸西南开阔地带，昭山山麓上岚气在山间弥漫流动而产生的晴岚景观摄入视野。而昭山古寺前的平台是观湘江风景的最佳地点。站在寺旁北望湘江，能见兴马洲、长沙县，还有北去的湘江水（黄晴摄影）

昭山顶上看风景

兴马洲位于昭山北面湘江之中，原是五代后梁楚王马殷放养御马之地，也是楚王马殷都城（长沙）之门户。兴马洲古称南津洲，五代时改名兴马洲，有兴马氏霸业之意。兴马洲如一叶绿洲横卧在昭山之北的江心，千百年来，无论多大的洪水都不曾将其淹没。而洲上的农舍与良田以及洲上江边的树木，似是可遇而不可求的世外桃源。

昭山对面的平原（方欣文提供）

易家湾是清朝时期昭山最大的集镇，而易家湾古码头位于湘江在湘潭昭山易家湾镇拐弯处，是古代相当繁华的货运和水运码头，这一点有昭山古寺旁的石碑作证。以前的易家湾集镇商铺林立，易家湾古街主要手工作坊有酱铺、瓦铺、编织、酿酒等。"古时交通不便，湘江两岸，人、货来往多走'水路'。易家湾在唐宋之前就已形成水运码头，而历来码头、渡口都是商贾云集、货物集散之地，容易形成集市。"②

易家湾古镇属于"山市晴岚"中的"市"，现在易家湾的这条古街叫做"易家湾直街"。在抗战大祸期间，易家湾古镇遭受了日军的破坏。现在古镇还留有少许历史的痕迹，有保留较好的民国之后的易家湾豆作场、昭山制酱厂、易家湾镇印刷厂、长轮公司等，可见易家湾古街在历史上商贸一直比较繁荣。在其中一座建筑的山墙上还可以清晰地见到"昭山图"的浮雕，充分说明了易家湾古镇的历史价值。

古镇保留最古老的建筑是靠近易家湾古码头的一个客栈——公和益栈，此客栈大门朝向正对湘江，笑迎四方来客，是旧时旅客歇脚之处。客栈与易家湾的龙王庙连在一起，香火袅袅，本地人经常来此烧香祈福。原客栈房屋面积很大，一直延伸到古街上，现在只剩两件破旧的房屋了。在易家湾古街的湘江边，我们还找到了古码头残留的遗迹。

我们在"山市晴岚"的绘画中可以看到桥这一景观元素，经过考证这个桥应该就是现在的朝阳桥，在湘潭嘉靖县志的"湘潭全境图"上标注的是"下港桥"，位于凤凰山下。元代诗人揭傒斯有"山市晴岚"诗："近树参差见，行人取次多。板桥双路口，此处几回过。"古下港桥是石板桥，以前是属于板塘区，现在属于岳塘区。诗中"板桥"即是指现在的下港桥。古桥在2009年的时候才拆除，建了现在的朝阳桥，属于107国道的一部分。

公和益栈旧址

古码头遗址

现在易家湾处正在修建防洪大堤，在修建防洪大堤之前视野开阔得多，沿湘江顺流而下可以看到吴家港溪流上的下港桥，是正对着湘江的，但是溪流过桥以后就往西拐弯入易家湾西。这也是众多"山市晴岚"的画面中出现桥的原因所在。古下港桥宽是现在桥宽的1/3，大概只有两个柱子中间距离的长短。

"山市晴岚"的最佳观赏点在昭山对岸西南开阔地带，昭山山麓、易家湾老码头及其老街、湘江支流上的下港桥、昭山之北的兴马洲一并囊括在视域中，形成一个大曲线形的景观风貌。

注　释

① [清]杨守敬等编绘：《水经注图（外二种）》，783，北京，中华书局，2009。

② 邹容：《发现另一个湖南·溯水行》，92页，长沙，湖南科学技术出版社，2009。

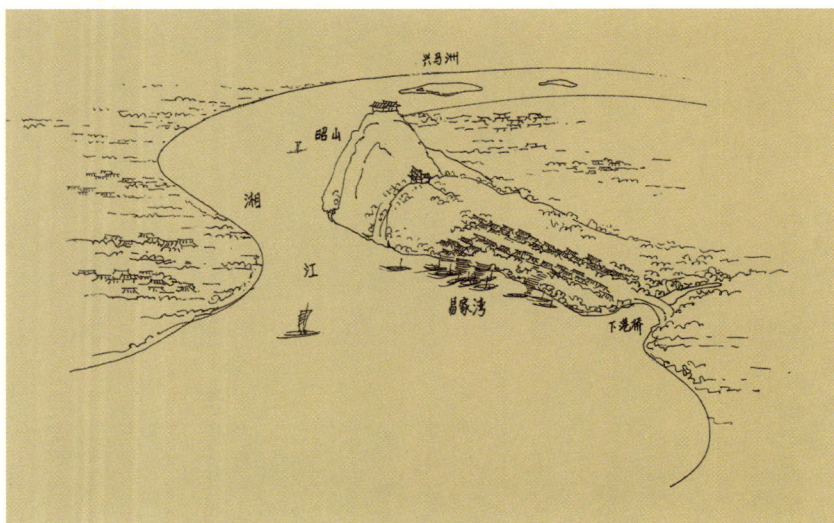

"山市晴岚"风景范围手绘图

江天暮雪

6. 江天暮雪

在清雍正蒋延锡等校《乾象典》之《长沙府古迹考》中，有"江天暮雪"的描述："时既西夕，江空风凛，雾如洒絮飘摇，俄而，洲横玉带，岳列银屏，皑皑江天，似晓非晓。"冬日傍晚时分，湘江上刮着凛冽的寒风；江中橘洲此时宛如银白色的飘带，而山岳好似银色的屏障立于江的西侧。在这里，洲是指橘洲，山即岳麓山。

方志图江天暮雪

长沙冬日暮雪

在《长沙府山川考一》中，有橘洲的记载："沙石█水面而起，曰洲。县西湘江中，上多美橘，洲尾有水陆寺、拱极楼，亦长沙胜概。夏月水泛，惟橘洲不没。谚云：昭潭无底橘洲浮。"①该记载提到

橘洲盛产柑橘，并有水陆寺和拱极楼两个主要建筑立于洲上。诗圣杜甫有诗句："乔口橘洲风浪促"，即写橘洲。

橘洲生成于晋惠帝永兴二年为激流回旋、沙石堆积而成。原有橘洲、织洲、誓洲、泉洲四岛，至清时成上洲、中洲、下洲三岛。"中洲即泥洲，上洲即直洲，誓洲即白小洲，俱在县西湘江中，三洲宏敞平衍，旧有人家百余，望之如带，实不相连。故长。"①这三个洲虽未真正连在一起，但相隔不远，远望似绿洲成带。如今三洲演变成一串长岛，上为牛头洲，中为水陆洲，下为傅家洲。而三洲中，数中间的水陆洲（即橘洲）最大最长，留给后人的记忆也最多。

米芾在《八景诗序》之《江天暮雪并序》中写道："岁暮江空，风严水结，冯夷翦冰，乱洒飘雪，浩歌者谁？一篷载月，独钓寒潭，以寄清绝。"[②]明朝史九韶《潇湘八景记》曰："岁晏江空，反严冰结，冯夷剪水，乱洒飘屑，浩歌者谁，一篷载月，独钓寒潭，以寄清绝，此江天之暮雪也。"众多不朽的诗句与记载都是对长沙水陆洲一带"江天暮雪"的真实写照。

带着对"江天暮雪"景观的憧憬与向往，我们试图在长沙城区湘江边及洲上从传统与现代的角度寻找它的踪影。

在《长沙府古迹考》中提到水陆洲上有拱极楼。"拱极楼，在水陆洲寺后，约高七八一尺。西瞻岳麓，俯瞰潭流，草树参差，帆鸟映发，若出若没，亦近亦远。风纹霞绮，月练烟鬟，清光弃会，自然情移。古联有云：'拱极楼中五六月间无暑气，潇湘江上二三更里有渔歌。洵快境也。'"[③]该记载描述拱极楼位于水陆洲寺（后称为江神庙）之北，并与其为邻。清湖南巡抚李世杰作《江神庙碑记》："昔人尾洲建拱极楼，雄观俯瞰，所以培护墉隍，夹辅形势，与岳阳、黄鹤名胜相望也。"拱极楼为宋元时期建筑，约八九层楼高。在以砖木结构为主要建造方式的时代，其高度和态势远超出了和它齐名的岳阳楼与黄

暮雪中的拱极楼与江神庙

鹤楼，成为古长沙显见的巨型建筑。古人曾有对联："拱极楼中五六月间无暑气；潇湘江上二三更里有渔歌。"此联道出了站在拱极楼上清凉的视听感受。拱极楼更是"江天暮雪"的最佳观赏点。站在江心的高楼上，观大雪纷飞、江天一色、万物无声、梅花斗艳、落帆泊岸、雪光暮色，人在清泠悠闲中接近冬雪的惬意与浪漫。

　　2011 年 1 月 2 日，长沙冬雪的来临，使我们兴奋不已。当仁立于橘子洲拱极楼之上，江神庙全景一览无余。江天暮雪、白雪茫茫、水天一色的水墨画境在洲上表达得淋漓尽致在《长沙府志图》之《岳麓图》中可以清晰地看到，水陆洲上有江神庙和义渡亭，牛头洲上有朱张渡亭。义渡亭和朱张渡亭是古代长沙人渡江的洲上渡口，起到连接河东与河西的交通枢纽作用。而江神庙则为当地居民和来往船只敬拜江神之地，以求平安与丰收。南宋诗人戴复古《岳麓水陆寺》："长沙沙上寺，突兀古楼台。四面水光合，一边山影来。静分僧榻坐，晚趁钓船回。明日重相约，前村访早梅。"诗中的"寺"和"楼台"即指江神庙和拱极楼。李世杰作《江神庙碑记》写道："雍正八年，世宗宪皇帝下诏，湖南以江神职司江渎，利赖舟楫，云雨井，牧土田，宜秩祀。所司又选楼前地作神庙，奉春秋庙制，既上关国典，且与楼并峙，奠定中流，橘洲益增严整壮丽矣。"④雍正皇帝命湖广督抚于湖南、湖北各建庙宇，以祭江神，求其能保佑地方风平浪静，年年有好收成。江神庙选址紧邻拱极楼，在其南侧，然乾隆四十二年（1777年），它因经受不住风雨的侵蚀而倒下。

北宋宋迪的《潇湘八景》画和米芾《八景诗序》，使长沙水陆洲成为"潇湘八景"之"江天暮雪"景点所在地。而米芾更是极力推崇，并筹集资金，在长沙修建了八景台，将"潇湘八景图"陈列于台上。在湖南省图书馆古籍馆藏中，我们找到清光绪二十年（1894年）陈运溶纂《湘城访古录（光绪）》卷

十五《园亭》内，有《八景台》一节。"明统志云府在城西，宋嘉祐中筑。宋迪因作八景图，僧惠洪赋诗更名八境，陈傅良复其旧并建二亭于旁。"另其下有清翰林院士张九镡写《国朝张九镡八景台记》："八景之名可不举而知也，而台之与废可胜慨哉，然吾以知景之不系于台也，余尝访其遗址登高而观南北。"⑤南宋永嘉学派代表人物陈傅良在长沙做官，曾在八景台的两边各筑一座亭式建筑，使八景台成为一台二亭的建筑群。元代浏阳籍诗人欧阳玄有诗："山几层兮水几重，晴岚夕照有归鸿。潇湘八景丹青画，尽在高台指顾中。"这"高台"即指八景台。

从湖南省图书馆古籍馆藏图书中翻拍并拼接出来的清朝《省城图》中可以看到，城西沿湘江有四座城门：德润门、驿步门、潮宗门和湘春门。驿步门也叫义渡驿步门渡，为清代长沙城第一大渡口码头。在《长沙府志图》之《岳麓图》中，义渡亭在江神庙之南。驿步门之北右侧是太平街。根据两图的描绘可以得知，义渡驿步门渡与水陆洲上的义渡亭在一条线上，古人"设渡以通"，是连接城区与岳麓山的最大码头。在清《善化县志》卷二十九《古迹》之《八景台》，有八景台在"府志驿步门外"的记载，即现在的湘江一桥东侧引桥处。

方志省城图

方志岳麓图

经历了千百年的雨雪风霜，长沙水陆洲变化不凡。清末，洋人入侵，长沙辟为对外开放商埠，洲上建有英国领事馆、长沙新关等。新中国成立后，不少公共性建筑改为工厂。1960年，洲头建橘洲公园，有纪念毛泽东的诗碑。洲上也一直有当地人居住，主要以捕鱼和种植蔬菜为生。

2001年，水陆洲更名为长沙岳麓山风景名胜区橘子洲景区。2010年底，长沙市橘子洲新建的以拱极楼、江神庙为主体的古建筑群完成装修。正如《湘城访古录》云："登楼可平瞻岳麓，俯瞰湘流。"该古建筑群采用半对称式布局设计，由南往北依次为庙前街、江神庙、拱极楼。其风格肃穆端庄，古朴自然，恢复了江神庙和拱极楼应有的格局与建筑样式。

现在，新建成的橘子洲景区公园对市民开放。立于洲头的青年毛泽东雕塑高32m，长83m，宽41m，以1925年青年时期的毛泽东形象为基础。洲上保留下了百年前的老馆舍，并开辟出很多园林景观区。在水陆洲和傅家洲之间修建一座三拱桥，另还有沙雕公园、焰火发射区等。可以说现在的橘子洲公园是彰显长沙城市形象不可缺少的部分，对城市环境的改善起到了非常重要的作用。

然而"江天暮雪"在长沙似乎还有所
缺失，缺的就是前文中提到的八景台。湘江
一桥的地理位置和交通作用众所周知，八景
台恢复在其原址已不现实。如果将它恢复在
湘江一桥下游约 200m 处的江东沿岸，南与
杜甫江阁呼应，西与橘洲公园新建成的拱极
楼和江神庙遥望，并可远眺岳麓山。观"江
天暮雪"景观，赏"潇湘八景"诗画将成为
长沙乃至湘江风光带的重要节点。

注 释
① 《乾象典》之《长沙府山川考一》1202 卷。
② ［清］陈运溶纂：《湘城访古录（光绪）》清光绪
　　二十年（1894 年），长沙萃文堂刻本，湖南省
　　图书馆藏。
③ 《长沙府古迹考》之《坤与典》第 1213 卷。
④ 湖南巡抚李世杰：《长沙县志》（卷十四）·《秩
　　序二》，清同治十年（1871 年）
⑤ ［清］陈运溶纂：《湘城访古录（光绪）》，清光绪
　　二十年（1894 年），长沙萃文堂刻本，湖南省
　　图书馆藏。

橘子洲雪景

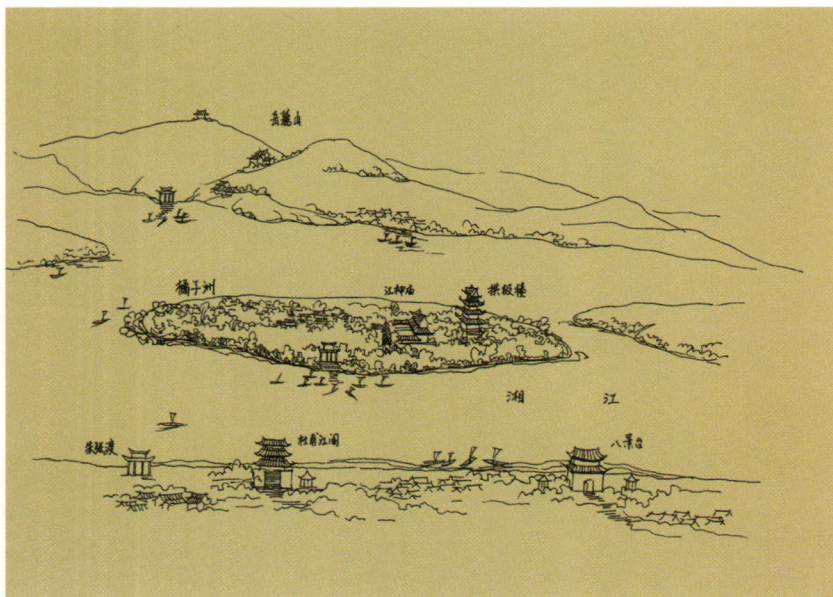

"江天暮雪" 风景范围手绘图

远浦归帆

7. 远浦归帆

湘江北去，江水渐远渐宽。从长沙北上约70km，便到湘阴。湘阴是"潇湘八景"之"远浦归帆"景点所在地。

宋代书法家、诗人米芾写《潇湘八景》诗："水拒山形险，帆归贴浪心。雨沙冲岸积，风苇触舷吟。梦阔篷难纳，愁浓鬓暗侵。不知身是客，回首任浮沉。"描写了每当黄昏，沙滩芦苇间，风帆扬起，乘着波浪，满载而归的渔船从北部的洞庭湖捕鱼归来，在码头边，有家人在晚风斜阳中等待，衬托出一片温馨而怅望的民俗生活景象。

元代诗人陈孚亦写"远浦归帆"诗句："日落牛羊归，渡头动津茷。烟起不见人，隐隐数声橹。水波忽惊摇，大鱼乱跳舞。北风一何劲，帆飞过南浦。"同样描写捕鱼南归的丰收繁忙景象。另元代诗人鲜于必仁 [中吕]《普天乐·远浦归帆》"水云乡，烟波荡。平洲古岸，远树孤庄。轻帆走蜃风，柔橹闲鲸浪。隐隐牙樯如屏障。了吾生占断渔邦。船头酒香，盘中蟹黄，烂醉何妨。"描写远山含黛，岸柳似烟，平远开阔，归帆点点，酒香阵阵，渔夫归来后在蟹黄与美酒的陪伴下享受丰盛晚餐的美好与满足。明代诗人史九韶有《潇湘八景记》："清风漾波，落霞照水，有叶其舟，捷于飞羽，幸际洪涛，将以宁处，家人候门欢笑，容与此远，浦之归帆也。"

对"远浦归帆"的场面也进行了非常细致的描述。

宋以来的画家如宋代王洪、牧溪，明代文徵明等都对"远浦归帆"进行了绘画创作，作品现分别藏于美国普林斯顿大学美术馆、日本京都国立博物馆、东京出光美术馆。这足以表现出历代文人对"远浦归帆"的厚爱，同时也传递出它极高的艺术价值。

从"远浦归帆"的诗画中可以分析出其包含的景观元素有滔滔江水、点点帆船、沙洲芦苇、柳树渔村、炊烟袅袅、码头岸边，酒肆飘香。沿着这些描写，我们试图想要在湘阴县城找到这些元素所在地。

在对湘阴的文史资料的考察中，我们找到了这里的渔港码头——漕溪港。漕溪港自古以来就是洞庭湖入湘江的第一港口，也曾是湘阴的船坞和烧窑、烧陶最集中的区域。自唐以来，在湘阴江边的高处建有江亭，供南来北往的客船和渔夫醉酒、品茶，并观望十里以外的青竹寺、五魁山、老闸口、扁担夹的山葱林秀。在江亭之上，北眺乌龙嘴、白泥湖、斗米嘴、芦林潭的平远辽阔，西观渔村晒网，炊烟阵阵。

在县城南门外，漕溪港的南边，光绪二十二年（1896 年）时兴建了南门港码头，主要用于客轮。

1907 ～ 1937 年，该港先后设置朝阳轮埠、大运轮埠和南阳轮埠，也用于客轮。1938 年和 1941 年，朝阳轮埠和南阳轮埠先后拆除。1944 年天运轮埠毁于风灾。1957 年并港建闸时堵坝封闭。1959 年在崇安路口西侧修建简易码头一座，1966 年时报废。

漕溪港与南门港过去的兴盛，不仅是"远浦归帆"所表现出的渔港的繁华，是洞庭湖进入湘江的必经之路，更因为这里曾经是古代官窑"岳州窑"的产地。在离老南门港不远处东侧，是 1997 年发掘并于 2003 年兴建的岳州窑遗址博物馆。从岳州窑遗址发掘得知，这里早在隋代就有了专供朝廷和官府使用的器物，因而属官窑。唐代陆羽撰《茶经》认为"岳州瓷皆青，青则益茶"，道出岳州窑的特点与功效，成为唐代六大名窑之一，由此可见岳州窑在唐代显赫的地位。湖南省文物部门在发掘岳州窑遗址中，在"湘阴县湘江两岸发现了铁角嘴唐宋时期、青竹寺东汉时期、文星镇晋唐时期、芦林潭隋唐时期、百梅村宋元时期和乌龙嘴宋明时期青瓷窑址 26 处。特别是青竹寺东汉窑址和城关镇晋唐窑址文化遗存面积占据了县城湘江东岸约 5km 的河沿、山冈，窑场密布，延续时间 1500 多年"。[①]这说明湘阴城沿江一带的陶瓷业、商贸与水运的发达，由此给我们呈现出的是一幅卷轴的港口风情画。在湘阴湘江大桥以北是古漕

出土的岳州窑瓷片

溪港，以南应是南门港。沿着一条不显眼的小巷走进去，眼前出现一片内湖。这里原本是漕溪港，是古代优良的避风港湾。由于修建防洪大堤，将河取直，古漕溪港风光不再，只存在于历史中了。而南门港现在已经变成了建材市场，完全找不到任何一点与港口相对应的线索。

然而，转身回望，"远浦归帆"又华丽地出现在我们面前。

2004 年，湘阴县政府在距湘江大桥 200 余米东侧修建了远浦楼。它由楼阁与牌楼组成。沿滨江大道一侧是入口牌楼，主楼是三层四檐式楼阁。前后顶层中间位置和牌楼上方悬挂着由湘阴县第一任

现代化的漕溪港货运码头

远浦楼

县委书记华国锋先生亲笔提写的匹个鎏金大字"远浦归帆",这应是纪念古"潇湘八景"之一"远浦归帆"的最佳观景处。而紧邻远浦楼,其北侧则是一个全新的现代化的货运码头。宽敞的货场、红色的塔吊、一字排开的货船增添了这里的活力。为了恒长沙的水位升高,缓解湘江枯水期长株潭用电紧张的局面,改善湘江航运,政府于 2009 年开始在望城县的蔡家洲湘江河段修建了湘江最北的枢纽工程——湘江长沙综合枢纽工程。2010 年新建成的湘阴县漕溪港千吨级深水码头通过验收并试运行。这样一来,长沙市货运码头霞凝港的重要作用将被下游的漕溪港所取代,一个现代化的"远浦归帆"景象呈现在世人面前。

青山岛是洞庭湖主要捕鱼区。每年的秋冬季节，成百上千的渔船汇集于此。收获后的船只又列队归港，可以想象当时"远浦归帆"的繁忙景象。然而，洞庭湖的干涸状况愈演愈烈。2011年春季的洞庭湖已变成了草原，渔民的生存问题又一次受到外界的关注

湘阴是一个把自己的历史看得很重的地方，其历史遗迹众多，是很多县城不能比拟的。湘阴有自己的"八景"：二湖映月、双塔凌云、三峰耸翠、九埠垂青、五魁捧印、长桥卧虹、杜公垂钓、渔叟收筒。除了岳州窑遗址这个省级文保点外，城区中如北宋时期的文庙古牌坊遗址群——金声玉振坊、状元桥、太和元气坊、宋元时期的文星塔、清朝纪念左宗棠的左文襄公祠、修复后的南宋南泉古寺等，以及众多的古建筑、古遗址和古墓葬群等，为湘阴县积累了丰厚的历史与人文资源，同时也折射出湘阴在古代商业的繁荣与文化的积淀。

文庙状元桥

远浦牌楼

顺着地图的指向从湘阴县城一路驱车向北，约40分钟，到达洞庭湖边一码头。解缆登船，向西逆流行驶约40分钟，达到青山岛。青山岛是洞庭湖进入湘江的必经之路，是洞庭湖捕鱼船只汇集之地，是古代文人从水路南下的歇脚地，也是历代帝王将相争夺与驻守的要塞。历代文人墨客如杜甫、李白、韩愈、张说、李贺、刘禹锡、苏东坡、夏元吉等都在这里留下了不朽的诗文。"远浦归帆"中的"远浦"应是这个离湘阴县城20km水路之"远"的青山岛。

位于南洞庭湖的青山岛，是洞庭湖最主要的捕鱼区。每到秋冬时节，湖水干浅、鱼入深潭，十里八乡渔民的千百只渔船汇集于此，开潭收网的捕鱼景象叹为观止。开渔以后，青山岛渔民在八百里洞庭竞展渔技，每日鲜鱼上市量居湖南省之首。

乘坐岛上渔民的小面包车继续向北，一路观赏渔村风光。青山岛是全国仅存的三座渔村之一，也是湖南最后一座渔村。以前渔民都以船为家，现在新建的渔民新村洁净而整齐。白墙黑瓦，粉蓝墙群，在蓝天白云下显得特别耀眼。也许是因水之隔，避了尘俗污染，一千多青山岛渔民日出而作，日落而息。他们淳朴温良，和睦相处，使青山岛成为路不拾遗，夜不闭户的一方净土。冬至过后，沿路的渔民住宅前都挂满了晾晒的腊鱼以及堆晒在路旁的渔网，有渔妇坐在门前将捕回的鱼破肚腌制。这也是渔村的另一种写照。

车至路的尽头，徒步翻越小沙丘，眼前的一切美得让人窒息。宽阔而平展的白沙延伸到两边视线的尽头。白沙干净而细腻，无任何杂物或污染。洞庭湖一望无垠。如果不是成群的候鸟在水面上起降嬉戏，还真误以为自己来到了海边。

青山岛据湘资两水尾闾，扼南洞庭湖之咽喉，是历代水陆军事要塞。抗日战争时期，日军曾多次入侵并安营扎寨，制造了震惊三湘的"青山惨案"。这里仍保留着惨案地址之一的"教育洞"，以及"青山抗日死难军纪念亭"。在岛上，还有国民党爱国将领黄鹤先生的墓地，南宋农民起义军首领杨幺头像雕塑和纪念他的杨幺庙。

从洞庭湖的深处渔村青山岛捕鱼，满载着鲜鱼的船队扬帆逆流，乘风破浪，停靠在湘阴的老码头漕溪港。

站在"远浦楼"上极目北望，"远浦归帆"的宏大场面尽收眼底。

洞庭湖的冬季

注 释

① 中国人民政治协商会议湘阴县委员会：《走进湘阴》16 页，长沙，湖南教育出版社、湖南电子音像出版社，2005。

"远浦归帆" 风景范围手绘图

洞庭秋月

8. 洞庭秋月

从湘阴北去，便到达一望无际的洞庭湖。"洞庭秋月"是古"潇湘八景"中最无争议也是历史最久远的景点。早在唐代，诗人刘禹锡作有《乐府·洞庭秋月行》："洞庭秋月生湖心，层波万顷如熔金。孤轮徐转光不定，游气蒙蒙隔寒镜。是时白露三秋中，湖平月上天地空。岳阳楼头暮角绝，荡漾已过君山东。"全诗生动地描写了白露时节，洞庭湖上初秋月夜下，岳阳楼和君山的美景。

明代诗人史九韶在《潇湘八景记》中对"洞庭秋月"也有细致的描写："君山南来，浩浩沧溟，飘风之不起，层浪之不生，夜气既清静，露斯零素，娥浴水光，荡金精倒，霓裳之清影，来广乐之天声，纤云不翳，上下虚明，此洞庭之秋月也。"描写秋天之夜，月色如银，天空无痕；八百湖面，碧水如镜，风平浪静；水天一色，月光和湖光相互交融。游人或泛舟湖上，或登临君山，或上高楼，观"洞庭秋月"，舒展心中如洞庭般宽阔的情怀。

可见，与"洞庭秋月"紧密联系在一起的景点有三个：由水而生的洞庭湖，以楼为名的岳阳楼，依岛为著的君山岛。

千百年来，洞庭湖一直以中国第一大淡水湖而著称。洞庭湖在最鼎盛时期达 6000km^2，古亦有"八百里洞庭"之说。洞庭湖北通大江，南入潇湘，自古以来就是重要的交通要道。在《(雍正)湖广通志》（卷二）之《洞庭湖图》上可以看到，古代的洞庭湖十分宽阔，略呈长方形，西北部已靠近澧洲、津市等地。由于长时期泥沙淤积，洞庭湖的水域面积逐年减少。到 1984 年，根据卫星遥测得到的信息，洞庭湖只有 2691km^2，而冬天枯水期只有 500 多平方公里水域。洞庭湖屈居在江西鄱阳湖之后，成为全国四大淡水湖的第二大湖。现在的洞庭湖已分为东洞庭湖、南洞庭湖和西洞庭湖三部分。"洞庭秋月"所能囊括的楼与岛之景色主要在东洞庭湖。

紧靠洞庭湖畔东北边缘的岳阳楼是江南三大名楼中唯一的一座保持原貌的古建筑，自古有"洞庭天下水，岳阳天下楼"之誉。岳阳楼西临烟波浩渺、横无际涯的东洞庭湖，北接湖南第一大水运码头城陵矶，并可望滚滚东去的长江。北宋文学家范仲淹的《岳阳楼记》以及其"先天下之忧而忧，后天下之乐而乐"更使其著称于世。千百年来，无数文人墨客游历于此，都要在此登览胜境，凭栏抒怀，以诗画之形式刻画洞庭美景，而岳阳楼则成为文人们常写常新的不衰主题。

"未到江南先一笑，岳阳楼上对君山"。君山是洞庭湖中最大的岛屿，也是人文历史最为深厚的地方，与千古名楼岳阳楼隔湖相望。因舜帝的两个妃子娥皇、女英葬于此，屈原在《九歌》中称之为湘

方志洞庭图

君和湘夫人，故后人将此山改名为君山。君山原有三十六亭、四十八庙、五井、四台等众多名胜古迹。在《(嘉庆癸亥年重修)巴陵县志》(卷一)之《君山图》中，君山主要由三部分组成：南向东侧是由湘妃庙、祖师庙和洞庭庙组成的建筑群及码头，西侧是由朗吟亭和荣圣寺组成的建筑群及码头，北向有望湖亭、飞仙亭、多缘寺、有缘寺等分散建筑。古代君山岛上多以寺庙建筑为主，其中纪念湘君和湘夫人的湘妃庙尤为著名。此外，二妃墓、柳毅井、酒香亭、飞来钟等具有传奇色彩的历史遗迹也给君山留下了众多的故事和传说。

湖南方志洞庭秋月

方志图君山全景

　　站立在岳阳楼上观洞庭。芦花在暖冬的和风下摇曳，各种船只在湖上繁忙穿梭。八百里湖面，天空无痕，让人心旷神怡。我们在冥想，秋月下的洞庭又是怎样一幅美景呢？

岳阳楼与君山的历史和文化所呈现的价值和魅力已无需多说，"洞庭秋月"的场所特征和诗画意境也无需再论证。带着对"潇湘八景"之终点抑或是起点的洞庭湖水的热爱与关切，我们走向了它的深处，了解洞庭湖的现状。

2009年11月24日，课题组成员前往洞庭湖进行为期三天的考察。

迎着冬日的阳光再上岳阳楼，洞庭湖依然是一望无际。大型货船在岳阳楼前的河道上穿梭，远处是浅滩与平沙，芦苇花在岸边成片盛开，仍然是一幅壮观的风景画。

君山成为了名副其实的风景区。虽然有旧迹保存，但现代公园的复制留下了太多人工造作，仅存几个山头的茶园让人对"君山银针"有了怀旧的渴望。湖上大片的芦苇和草场展现出的湿地景观更吸引人的目光。而君山码头由于湖水面积减少已废弃多年，让人不禁为洞庭湖的未来有些担忧。

霜降节气过后，天气有些寒冷。沿湖望不到边的芦苇荡已是一片金黄。雪白的芦花在芦苇顶上摇曳，有风拂过，花絮满天飞舞。当地农民用芦苇秆搭起了原生态的芦苇屋，为临时收割芦苇的休息和值班住所。芦苇是他们年终的收成。城市人则会把这里当做最自然、最浪漫的摄影写真地。

芦苇荡已是一片金黄

昔日的君山码头

东洞庭湖的采桑湖、丁字堤和藕池河属于国家级自然保护区，也是国际重要湿地区。东洞庭湖自然保护区是《国际湿地公约》的七处重要湿地之一，是东北亚最重要的候鸟越冬栖息地。每到冬天，北方的候鸟就会乘着南下的冷空气，来到这里过冬。而冬天的洞庭湖水退去，只剩下一片片沼泽与草滩，于是这里变成了鸟的天堂。在保护区内，可以享受沙鸥翔集、鹤鸣九皋、平沙落雁的自然之美。到洞庭湖越冬的候鸟，高峰时期多达百万只。已经记录到的鸟类有 315 种，其中被列为国家一级保护动物有 7 种，国家二级保护动物 34 种，被列入国际"红皮书"指定保护的动物有 39 种。

在东洞庭湖国家级自然保护区采桑湖管理站，高大立站长表示，洞庭湖目前主要存在三个方面的问题：生物多样性下降，污染加剧，对湿地资源与环境缺乏有效管理。造成这些问题的原因是多方面的，如中低位湖洲、河洪道芦苇和杨树的种植，过度捕捞和渔业养殖污染，管理不善，生态用水不足等。

据高站长介绍，洞庭湖国家湿地公园规划已大致完成。东洞庭湖湿地公园初步确定南起采桑湖，北到天景山，东到分路口，西到团湖，面积达到 60km²。东洞庭湖湿地公园将包括洞庭风情、团湖荷文化、有机农业示范等七个区域，公园以湿地景观为主体，将湿地景观和人文融为一体。一期规划面积约为 2000hm²，公园规划将分三个阶段完成。

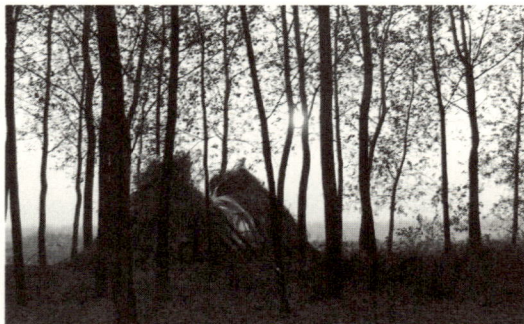

农民用芦苇搭建的生态环保的临时住宅

这样的宏伟开发，令人对洞庭湖的前景有些担忧。候鸟很害怕人，在离人约 1000m 开外，才能隐约见到成群的候鸟。而在管理站高站长那里，我们要用高倍望远镜才能看清鸟的种类与踪迹。如果规划与开发不当，对保护区过度的干扰有可能破坏候鸟的生存环境，鸟的天堂将会消失。

在洞庭湖，另一种风景也不禁让人产生忧虑，那就是沿湖生长着成片的杨树林。在湖区，老百姓开始砍掉原有的水杉、柳树等本地树种，大量引种欧美杨树。大面积的杨树种植对土壤造成了影响，土壤硬化程度加重。这种外来物种的入侵导致原生植物不再生长，候鸟的栖息面积减小，人为地打乱了洞庭湖原有的生态链。杨树栽种泛滥已造成洞庭湖生态破坏，这应该引起我们的关注与重视。

在洞庭湖，水在一点一点消退，那些依赖水而生存的生灵已经受到了巨大的威胁。地势较高的湿地因为缺水而显现干枯景象；原来成片的水域，因为水位持续降低而出现了若干孤立的小水体斑块。"后三峡时代"的来临，三峡大坝的截流使洞庭湖的枯水期由每年的9月延长至来年5月，比截流前多了2个月左右的时间。此外，大规模的围垦湿地、沟河和人工渠的引入等人为因素对洞庭湖自然环境也产生了不良的影响。湘、资、沅、澧四水的污水排放，汇入洞庭湖，对湖区环境与生物的影响加巨。洪水带来的泥沙使河床抬高，影响行洪和航道运输，缩小了洞庭湖的水域面积。

回望洞庭湖，它依旧是那样迷人。若干年后，我们还能站在岳阳楼上，遥望君山，观"秋水溶溶月影深"的"洞庭秋月"吗？

洞庭湖湿地与候鸟保护区

洞庭湖水在一点一点地消退

"洞庭秋月"风景范围手绘图

五、"潇湘八景" 遗产廊道的构想

遗产廊道（Heritage Corridor）是一种区域化的遗产保护战略方法，是每个国家在保护本国历史文化时采用的一种范围较大的保护措施。它在强调其文化价值的同时，也关注在保护过程中的生态价值和经济价值。遗产廊道作为拥有特殊文化资源集合的线性景观，对当地人文与自然景观的保护、经济发展的提速、交通网络的建设、旅游产业的带动、传统建筑的保护与利用等都能起到非常重要的作用。遗产廊道的构建，实质上体现了风景的动态性、景点的连续性和遗产的叙事性，它的多维度的整合体现了当代世界遗产发展的新走向。

1. 遗产廊道保护理论

早在 1950 年，美国学者怀特（Wiuiam H.Whyte）就提出了"绿色通道"（Greenway）的概念。green 代表绿色，表明存在自然或半自然植被的区域，way 表示是人类、动物、植物、水等的通道。①该概念的提出将遗产保护范围扩大到大尺度的线性开放空间。查尔斯·利特尔（Charles Little）提出绿色通道主要包括：①沿着诸如滨河、溪谷、山脊线等自然走廊，或是沿着用作休憩的废弃铁路、沟渠、风景道路等人工走廊所建立的线性开敞空间；②连接公园、自然保护区、文化特征及历史遗迹和人口集中区的开敞空间；③用于人行道和自行车道的自然式道路；④线状或带状公园。②如江河、溪谷、山脊线等自然走廊，废弃铁路、运河、观景道等人工走廊，以游船、步行、自行车慢行等欣赏自然景观和人文景观的线路，都是廊道组成的基本要素。查尔斯于 1993 年进一步提出了"遗产廊道"的概念：即拥有特殊文化资源集合的线性景观。通常带有明显的经济中心、蓬勃发展的旅游、老建筑的适应性再利用、娱乐及环境改善。③

日本学者杉尾邦卫（Kunie Sugio）认为，遗产廊道作为文化遗产的特定线路应该被保护以传递给后人。所以，文化线路必须在科学的基础上按照四个步骤进行环境和线路本身的保护：对所涉及的洲、国家、地区进行摸底确认，划定各个级别区域的保护范围，划定核心保护区，确认初层缓冲区，确认二层缓冲区。④

1984 年 8 月 24 日，美国议会指定了第一条遗产廊道——伊利诺伊和密歇根运河（the Illinois and Michigan Canal）国家遗产廊道，标志着遗产廊道这一概念的提出和确立。随后在 1986 年、1988 年、1994 年和 1996 年，美国国会又陆续指定了 9 个新的区域，包括黑石河峡谷国家遗产廊道、特拉华和莱通航运河国家遗产廊道等。同时，美国还制定有针对性的保护法律，例如《1984 年伊利诺伊和密歇根运河国家遗产廊道法》。更重要的是，在遗产廊道获得指定并正式列入法律保护范围之后，将有专门的机构继续负责对遗产廊道建设的监督和管理。自从伊利诺伊和密歇根运河国家遗产廊道被国会指定以来，许多州都在它的成功感召下建立了自己的遗产区域和遗产廊道计划。截至 2006 年美国国会已经批准了 10 个遗产廊道和 27 个遗产区域。⑤

美国对遗产廊道的研究较多，目前的研究主要集中在遗产廊道的由来、概念、判断标准、资源发掘、文化遗产资源的保护和对整体廊道的保护策略上面。国外的遗产廊道保护实践经过一个多世纪的发展之后,形成了较为成熟的保护观念和系统的保护方法与管理制度,值得我们借鉴和学习。

北京大学景观设计研究院的研究课题"京杭大运河工业遗产廊道",对遗产廊道构建的意义和价值,构建的具体内容设想,保护内容的提出做出了综合研究。国内亦有学者对"漓江遗产廊道"、"丝绸之路遗产廊道"等进行研究。这些成果为"潇湘八景"遗产廊道的建立提供了很好的借鉴。

2. "潇湘八景" 遗产廊道愿景

　　"潇湘八景"是沿湘江流域的一条线性景观。它串联了岳阳、长沙、湘潭、衡阳、永州等几个湖南重要的地级市辖区，涵盖了诸多的人文与自然景观，以及多个国家级、省级、市级文物保护单位，多角度、全方位映射了潇湘文化的精髓和内涵。

　　把"潇湘八景"作为湘江主题性的山水类文化景观遗产廊道，其优势是非常明显的。"潇湘八景"是宋迪、米芾等文人墨客从长江南下洞庭湖，然后北上湘江所欣赏到沿岸风景后留给后人的诗歌与绘画作品。之后，又有无数诗人、画家以"潇湘八景"为题材，创作了众多寄情山水的诗词与绘画，促进了中国山水文学和山水画的发展。经过一千多年的传承与发展，"潇湘八景"诗画艺术成为了中国古代文人留下的宝贵的非物质文化遗产。而以"潇湘八景"为主题的文化景观与自然资源地沿湘江所展现出来的可视景观遗产，为"潇湘八景"主题性遗产廊道提供了翔实的依据。

　　"潇湘八景"中的自然生态、人文胜迹、风土

岳阳楼一角

衡南县江口鸟洲美景

人情是湘江流域的特色资源。它们不仅充分展现了潇湘大地自然生态，佛寺、道观、亭、桥、码头等建筑遗迹，同时也描述了农耕渔樵、集市酒肆的民间传统风情。"潇湘八景"不是一个狃立的个体，它诞生于秀美山水的湖南省，自它产生之日起就与湖南结下了很深的渊源。它留给后人的印象是和众多事物联系起来的一个有着潇湘情节的整体湖湘文化形象。其清丽的山水画，文人的诗词歌赋，潇湘特色区域生活景象和淡泊宁静、返璞归真、忧国忧民、寄情山水的精神气质，共同构成了"潇湘八景"遗产廊道的内涵和精髓。

"潇湘八景"虽对世人的影响很大，但真正了解"潇湘八景"的人并不多，就连身处湖湘大地的子民对此有所了解的也寥寥无几。因此，对"潇湘八景"遗产廊道的提出与开发，让更多的人了解瑰丽的潇湘山水、丰富的潇湘文化和精深的潇湘历史，能促进湖湘文化品牌形象的建立与向外推介。

"潇湘八景"兼有物质与非物质文化遗产双重特性，将"潇湘八景"作为一种遗产类型，作为区域性文化景观廊道进行综合研究，并将其作为湘江最重要的文化遗产进行保护和适度开发具有重要的现实意义。

2011年开春之际，全国第一个由国务院批复的重金属污染治理试点方案《湘江流域重金属污染治理实施方案》出台，国家将投资595亿元对湘江进行整治。借鉴国外的研究成果和治江理念，湖南希望将湘江母亲河打造成"东方的莱茵河"。湖南省委书记周强表示："让湘江成为一支流淌文化的河流，成为一支流淌哲学的河流，也成为一支哺育新时期新的历史条件下湖湘人才群的河流。"[6]将湘江变为经济发达、文化繁荣、生态宜居的线性廊道，这一重大举措不仅有利于湘江的治理，有利于沿江的经济发展，对"潇湘八景"遗产廊道的构建也能起到巨大的推动作用。

3."潇湘八景"遗产廊道构建

对于"潇湘八景"遗产廊道的构建,最重要的是要区分廊道的层次。不仅要体现"潇湘八景"遗产节点的核心价值、衍生价值、区域价值,同时也要将湘江作为连接纽带,通过不同层次的构建来实现遗产廊道的整体格局。

从构建层次上,"潇湘八景"遗产廊道可以划分为核心区、衍生区、扩展区和遗产纽带四个层面。

"潇湘八景"核心区是指八个景点所在地的遗产中心区域,包含近景、中景、远景以及与湘江、洲屿的关系,范围内涉及的与景点有直接关联的景观与建筑。"八景"衍生区是指"潇湘八景"所在地衍生出的本地"八景",包含了当地各自特色明显的八个景点,这些都与"潇湘八景"有密切的内在联系。"八景"遗产扩展区指所在县市国家级、省级、市县级文物保护遗产点,形成"潇湘八景"各自区域的遗产辐射内容。遗产纽带是指从永州至岳阳湘江沿岸所有连接"潇湘八景"沿江各市县自然与人文资源,包括主要自然保护区、候鸟保护区、湿地保护区、森林公园,以及各级文保点等。这四个不同层次通过叠加,形成以"潇湘八景"核心区为中心,以"八景"衍生区、扩展区为辐射,以湘江为纽带的遗产廊道的总体构想。

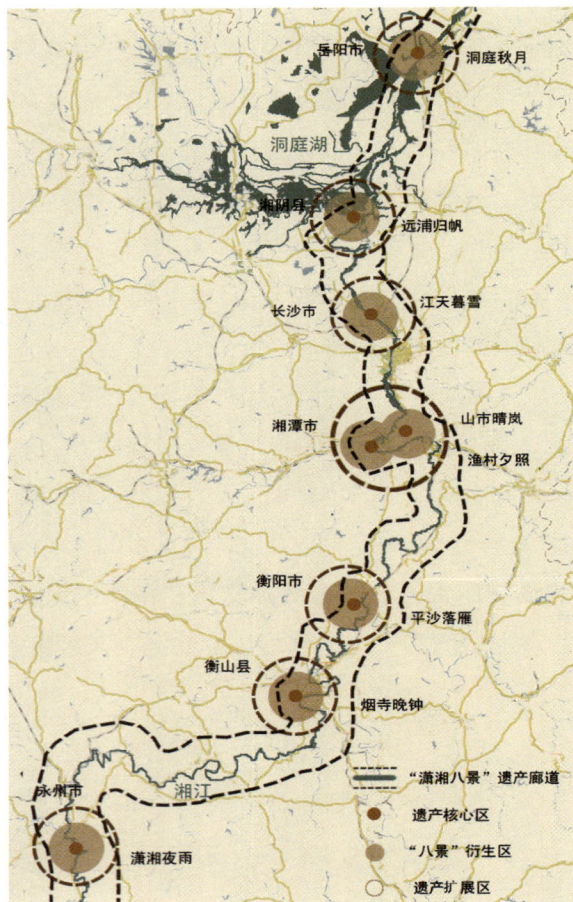

"潇湘八景"廊道图

(1)"潇湘八景"核心区

以"潇湘八景"遗产点为中心的一级层次是整个廊道的核心所在。这八个点所包含的各自风景外显的文化内容比较清晰,遗产空间范围相对稳定,景观间联系也十分密切。例如"潇湘夜雨"所在地永州市,是以潇水和湘水汇合处的小蘋岛为遗产中心,以自然生态环境为主题的大蘋岛以及潇水对岸的回龙塔和北部的千年古镇——潇湘镇,共同形成"潇湘夜雨"遗产区域。而作为人文遗产的蘋州书院、回龙塔和潇湘古镇,与自然风景为主的大蘋岛、二水交汇处,以及两岸平远山水风光,构筑出"潇湘八景"遗产核心区。

(2)"八景"衍生区

作为中国组景系列景观之父,"潇湘八景"衍生出了中国的"八景"文化。经过千百年的文化积淀和传承发展,各地根据自己的本土风景,产生出了具有地方特色的"八景"。而"潇湘八景"所在地所衍生出的地方"八景"与"潇湘八景"之间有着密切的关联。它们或与"潇湘八景"名称相同,或将其景点归属于地方"八景",成为"以一带八"的发散式衍生二级层次。如"江天暮雪"所在地长沙市,其地方"八景"与"潇湘八景"名称完全相同,但所描写的风景全部位于长沙湘江段橘子洲以

"潇湘八景" 遗产廊道层次、 范围、 包含内容

廊道层次	范 围	包含内容
"潇湘八景"核心区	"潇湘八景"各遗产点的中心范围	八个景点所在地的遗产中心位置,近景、中景、远景以及与湘江、洲屿的关系、范围内涉及的与景点有直接关联的景观与建筑
"八景"衍生区	"潇湘八景"所在县市本地衍生出的"八景"	"潇湘八景"所在地衍生出的地方"八景"包含了当地各自特色明显的八个景点,这些都与"潇湘八景"有密切的内在联系
区域遗产扩展区	"潇湘八景"所在县市文保点	所有县市国家级、省级、市县级文物保护遗产点,形成"潇湘八景"各自区域的遗产辐射内容
"潇湘八景"遗产纽带	从永州至岳阳湘江沿岸所有市县自然与人文景观	连接"潇湘八景"沿江各市县自然与人文资源,包括主要候鸟保护区、湿地保护区以及各级文保点

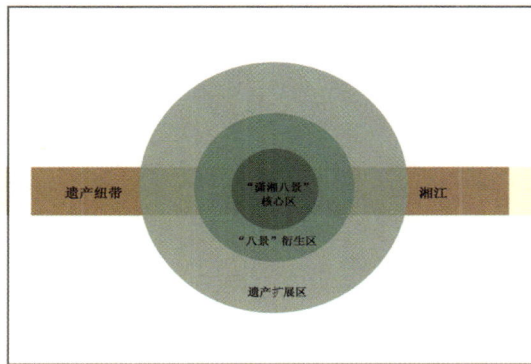

遗产廊道层次

及两岸区域。而"永州八景"中的"蘋洲春涨","衡阳八景"中的"雁峰烟雨"、"东洲桃浪",与"潇湘夜雨"、"平沙落雁"风景点相同,只是更加强化了该地的特色。衍生出的地方"八景"为"潇湘八景"所在地增添了文化内涵和风景点,也为地方风景旅游开发与遗产保护提供了依据。

以 "潇湘八景" 为核心的一级层次

名称	所在地	遗产中心范围
潇湘夜雨	永州市蘋岛	以潇水和湘水汇合处的小蘋岛为遗产中心,以自然生态环境为主题的大蘋岛、登高远眺二岛的回龙塔,以及北部的千年古镇——潇湘镇为补充,形成"潇湘夜雨"遗产区域
平沙落雁	衡阳市东洲岛	以衡阳市东洲岛为视觉中心,站在雁峰公园回雁阁之上登高远眺其岛,船山书院、罗汉寺、"东洲桃浪"尽收眼底,形成"平沙落雁"的遗产区域
烟寺晚钟	衡山县巾紫峰	以巾紫峰峰顶上的新清凉寺为中心,站在清凉寺楼阁之上俯瞰衡山县城,将北部湘江上的观湘洲作为远景,以形成"烟寺晚钟"遗产区域
渔村夕照	湘潭市杨梅洲	窑湾老街、唐兴桥、石嘴垴、望衡亭以及不远处杨梅洲一带,沿街成片的现代"渔村"酒家,以及江上撒网、垂钓的场景,组成"渔村夕照"景观区域
山市晴岚	湘潭市昭山	最佳观赏点在昭山对岸西南开阔地带,以昭山为视觉中心,易家湾老码头及其老街、湘江支流上的下港桥、昭山之北的兴马洲一并囊括在视域中,形成一个大曲线形的遗产风貌
江天暮雪	长沙市橘子洲	登橘子洲上的拱极楼,俯瞰江神庙,东望八景台,东南与朱张渡遥望,西可远眺岳麓山,成为湘江长沙段"江天暮雪"遗产中心区域
远浦归帆	湘阴县城	从洞庭湖的深处渔村青山岛一带捕鱼,满载着鲜鱼的船队停靠在湘阴的老码头漕溪港。站在"远浦楼"上极目北望,"远浦归帆"的宏大场面尽收眼底
洞庭秋月	岳阳市东洞庭湖	以岳阳楼作为遗产中心,君山岛作为遗产补充;登楼远眺洞庭湖上初秋月夜的美景

"潇湘八景" 所衍生的二级层次——地方 "八景"

名称	所在地市"八景"	地方"八景"内容
潇湘夜雨	永州八景	朝阳旭日、山寺晚钟、蘋洲春涨、香零烟雨 恩院风荷、愚溪眺雪、绿天蕉影、迴龙夕照
平沙落雁	衡阳八景	雁峰烟雨、石鼓江山、花药喜溪、岳屏雪鸟 朱陵仙洞、青草桥头、东洲桃浪、西湖白莲
烟寺晚钟	衡山（近郊）八景	湘江夜雨、晓霞晴岚、腰峰雨注、雷溪月色 流杯曲水、开云晓钟、观湘返照、桐岗归牧
渔村夕照	湘潭八景	湘江夜雨、昭山夜月、山市晴岚、雁落平沙 江天暮雪、夕照渔村、烟寺晚钟、远浦归帆
山市晴岚	昭山八景	屏风夕照、拓岭丹霞、桃林花雨、双井清泉 老虎听经、狮子啸月、古寺飞钟、石港远帆
江天暮雪	长沙八景	潇湘夜雨、洞庭秋月、远浦归帆、平沙落雁 山市晴岚、渔村夕照、烟寺晚钟、江天暮雪
远浦归帆	湘阴八景	二湖映月、双塔凌云、三峰耸翠、九埠垂青 五魁捧印、长桥卧虹、杜公垂钓、渔叟收筒
洞庭秋月	君山八景	湘妃幽怨、轩辕铸鼎、佛陀飞钟、柳毅传书 杨幺义师、酒香山色、茶树晚照、香炉夜月

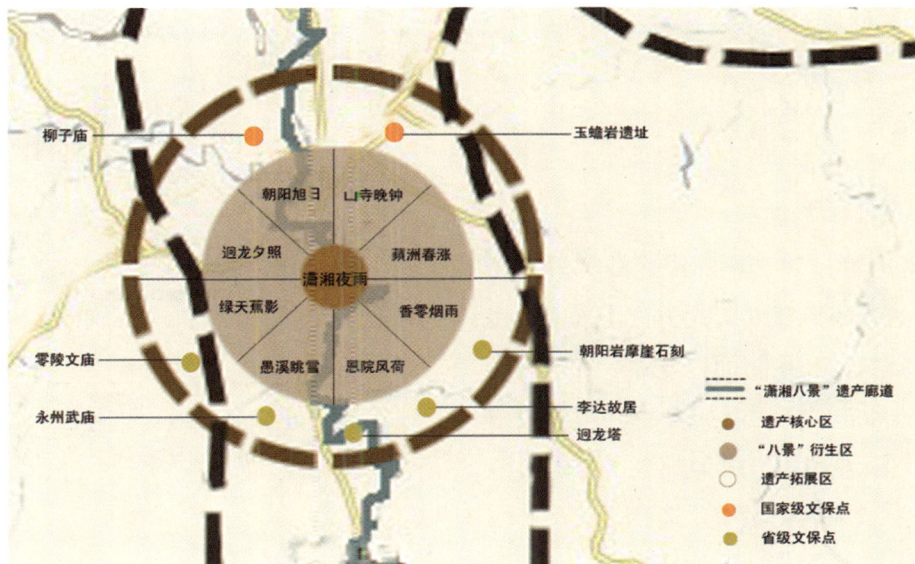

永州八景与文保点

（3）遗产扩展区

"潇湘八景"作为文化特色明显的遗产廊道，不能把它当做一个孤立的组成部分拼凑在一起。"潇湘八景"除了与地方"八景"产生衍生性关联外，对各地方的人文景观和文化遗产也具有带动和相互影响的作用。目前，从永州至岳阳"潇湘八景"所在的七个市县有许多国家级、省级文物保护点。其中长沙市国家级文保点5个，省级文保点33个；衡阳市国家级文保点2个，省级文保点12个；而各市县级文保点则更多。"潇湘八景"作为能代表城市文化历史价值的特定区域，是城市文脉的表征，是对这个城市的记忆和述说，因而它是城市文化构成的单元体。对于遗产区域的扩展，能带动地方其他遗产的保护，发展旅游事业，促进"潇湘八景"文化的传播。

（4）遗产纽带

以线性为基本特征的遗产廊道，具有纽带作用。它将各主要遗产点以线的形式进行连接，能起到较好的引导和连续的作用。而"潇湘八景"正是以湘江作为纽带，将八个核心区域串联，组建成主题性遗产廊道。"潇湘八景"成为廊道上的核心节点，地方"八景"成为其衍生文化遗产，区域其他遗产成为"潇湘八景"廊道上的辐射内容。在湘江

两侧确立廊道边界，使沿江自然与人文景观囊括在内，成为从一个核心到另一个核心的纽带区间。将沿江重要湿地区、自然保护区、地方主要文化遗产点作为纽带上的各小节点和休憩点，在不破坏环境的条件下，使江上和沿江道路等游历中穿越这些节点，达到边界内景观资源共享。

沿江主要自然风景点

位于衡阳市湘江边的石鼓书院建于唐元和五年（公元 810 年），迄今已有约 1200 年的历史，是湖湘文化的重要发祥地。这里有为石鼓书院作出过贡献的七位贤人志士，包括韩愈、李宽、李士真、周敦颐、朱熹、张栻、黄勉斋，史称"石鼓七贤"。石鼓书院成为衡阳市重要的文化遗产地和主要旅游风景点

注 释

① R. M.Searns. The evolution of greenway as an adaptive urban landscape form. Landscape and Urban Planning，1995(33):65 ~ 80。

② C.E.Little.Greenways for Alneriea.Baltimore.M.D.:Johns Ho Pkins University Press，1990。

③ A.F.Charles ， Robert M. Searns. Greenways. Washington : Island Press，1993。

④ Kunie Sugio.A consolidation on the definition of the setting and management \protection measures for cultural routes.http:\\international.icomos\xian\2005\cultualroutes draft.pdf.

⑤ 王肖宇：《基于层次分析法的京沈清文化遗产廊道构建》，9 页，西安，西安建筑科技大学，2009。

⑥ 2011 年 3 月 18 日湖南新闻网。

结束语

　　作为湖南的母亲河，856km 的湘江孕育了源远流长的湖湘文化，产生了无数的文人墨客，留下了众多的文化遗迹。"潇湘八景"承载着大量的文学和绘画艺术作品以及众多的故事与传说，它们至今仍然根植于潇湘大地的历史文化记忆之中，具有很强的影响力、发展潜力和延续价值。"潇湘八景"文化中的诗词楹联、书法绘画、棋牌纸扇等非物质文化遗产，对其可视景观遗产资源起到补充和积淀作用。而在今后，随着人们对"潇湘八景"认知度的提高，各种"潇湘八景"文化交流、艺术节，乃至"潇湘八景"湘菜创意活动的开展，不仅扩大了"潇湘八景"的内涵和外延，增加人们对湖湘文化的了解，增强文化的整体性识别，而且还能促进沿江市县遗产保护意识的提高和生态环境的改善。希望通过努力，提高"潇湘八景"文化遗产的知名度，使其成为中国主题性山水文化遗产廊道的主要代表。

后 记

带着对"潇湘八景"至深的热爱，在经历了两年的研究之后，我们暂且收住了脚步，回头审视所走过的旅程。

这是一次"潇湘八景"文化之旅，它让我们在文学和艺术的历史长河中品鉴文人留下的诗歌与绘画的意蕴；这是一次"潇湘八景"风光之旅，它引领我们走进了潇湘大地的山水之间，使我们领略到了景色的美好；这更是一次"潇湘八景"探索之旅，它使我们产生了强烈的使命感，为它的未来发展寻找出路。

其实这旅程才刚刚开始。因为在中国，对前人留下的文化遗产的保护工作还应得到加倍的重视，所有相关文化遗产的研究工作还应更加细致深入。基于此，对于"潇湘八景"愿景的实现还任重而道远。

我们将继续前行……

本研究要感谢中南大学科学研究部人文社会科学处对本研究的经费支助和服务管理；感谢中南大学建筑与艺术学院为本研究提供的后勤保障；感谢中日"八景"文化研究学者陈明松先生为本研究赠送资料；感谢湖南大学建筑学院古建专家柳肃教授、原湖南省地方志编纂委员会副编审刘国强先生、《潇湘晨报》报社湖湘地理工作室主任邹容女士、湘潭市昭山风景区办公室主任方欣文先生参加"潇湘八景"研讨会，并给予本研究建设性意见；感谢湖南师范大学文化史研究专家陈蒲清教授对本研究中古籍资料的解释和论证。

特别要感谢湖南省委办公厅邓文一女士对本研究的大力支持，感谢考察中所到之处各市、县、乡政府以及地方志、旅游主管部门的工作协助和文本资料的提供。

在本项目研究中，中南大学建筑与艺术学院李博、谢旭斌、萧沁等三位教师以及黄晴、臧晓琳、尹慧、杜娟、温瑞芬、雷芳等六位研究生参与到本研究当中，一并致谢。

在本书写作过程中，我们参考了许多论文和著作，引用了来自网络的绘画图片，在这里对作者们和网站深表谢意。凡引之处，我们在行文过程中尽量详加注释。如有遗漏，深致歉意。

我们将永远铭记所有帮助过我们的人们，并衷心祝福他们。

钟虹滨　唐俐娟

2011 年 7 月 18 日

于中南大学建筑与艺术学院